主　　编　孙晓勇　国家法官学院院长
　　　　　　　　　最高人民法院司法案例研究院院长
副 主 编　彭永和　最高人民法院司法案例研究院副院长
　　　　　刘　畅　最高人民法院司法案例研究院规划部主任
　　　　　黄　斌　国家法官学院科研部负责人
主编助理　边疆戈　国家法官学院科研部编辑
　　　　　赵文轩　最高人民法院司法案例研究院规划部编辑
　　　　　刘丽媛　最高人民法院司法案例研究院规划部编辑

《中国法院年度案例》编辑人员（按姓氏笔画）

刘　畅　朱建伟　朱　琳　李晓果　杨小利
罗胜华　胡　岩　赵文轩　唐世银　袁登明
曹海荣　梁　欣　程　瑛

本书编审人员　唐世银

中国法院

2021年度案例

国家法官学院
最高人民法院司法案例研究院◎编

保险纠纷

中国法制出版社
CHINA LEGAL PUBLISHING HOUSE

《中国法院年度案例》通讯编辑名单

序

党的十八大以来，以习近平同志为核心的党中央高度重视法治在推进国家治理体系和治理能力现代化中的重要作用，中央全面依法治国工作会议更是明确习近平法治思想在全面依法治国中的指导地位，为全面依法治国提供了根本遵循和行动指南。近年来，人民法院始终将加强司法案例研究作为推进全面依法治国的重要途径，通过发布具有普遍指导意义的典型案例，统一法律适用、提高审判质量，不断推进人民法院严格公正司法。《中国法院年度案例》丛书，旨在完善中国特色案例指导制度，总结提炼典型案例的裁判规则和裁判方法，发挥司法规范、指导、评价、引领的重要作用，大力弘扬社会主义核心价值观，增强全民法治意识和法治素养，展现新时代我国法治建设新成就。

《中国法院年度案例》丛书自2012年编辑出版以来，已连续出版9套，受到读者广泛好评。近年来，为更加全面地反映我国司法审判执行工作的发展进程，顺应审判执行实践需要，响应读者需求，丛书2014年度新增金融纠纷、行政纠纷、刑事案例3个分册，2015年度将刑事案例调整为刑法总则案例、刑法分则案例2个分册，2016年度新增知识产权纠纷分册，2017年度新增执行案例分册，2018年度将刑事案例扩充为4个分册。自2020年起，丛书由国家法官学院与最高人民法院司法案例研究院共同编辑，每年年初定期出版。在全国各级人民法院的大力支持下，丛书编委会现编辑出版《中国法院2021年度案例》系列丛书，共23册。

《中国法院年度案例》丛书以开放务实的态度、简洁明快的风格，在编辑中坚持以下方法，努力把案例书籍变得“好读有用”：一是高度提炼案例内容，控制案例篇幅，每个案例基本在3000字以内；二是突出争议焦点，剔除无效信息，尽可能在有限的篇幅内为读者提供有效、有益的信息；三是注重对裁判文书的再加工，大多数案例由案件的主审法官撰写“法官后语”，高度提炼、总结案例的指导价值，力求引发读者思考，为司法工作提供借鉴，为法学研究提供启迪。

《中国法院年度案例》丛书编辑工作坚持以下原则：一是广泛选编案例。国家法官学院和最高人民法院司法案例研究院每年通过各高级人民法院从全国各地法院汇集上一年度审结的典型案例近万件，使该丛书有广泛的精选基础，优中选优，可提供给读者新近发生的全国各地多种类型的典型性案例。二是方便读者检索。为体现以读者为本，丛书分卷细化，每卷下还将案例主要根据案由分类编排，每个案例用一句话概括裁判规则、裁判思路或焦点问题作为主标题，让读者一目了然，迅速找到目标案例。

中国法制出版社始终全力支持《中国法院年度案例》丛书的出版，给了作者和编辑们巨大的鼓励。2021年，丛书将继续提供数据库增值服务。购买本书，扫描前勒口二维码，即可在本年度免费查阅往年同类案例数据库。我们在此谨表谢忱，并希望通过共同努力，逐步完善，做得更好，真正探索出一条编辑案例书籍、挖掘案例价值的新路，更好地服务社会主义法治国家建设、服务法治社会建设、服务学习研究法律的读者。

《中国法院年度案例》丛书既是法官、检察官、律师等法律工作者的办案参考和司法人员培训的实用教材，也是社会大众学法用法的经典案例读本，同时是教学科研机构案例研究的良好系列素材。当然，案例作者和编辑在编写过程中也难以一步到位实现最初的编写愿望，客观上会存在各种不足甚至错误，欢迎读者批评指正。我们愿听取各方建议，不断扩宽深化司法案例研究领域，实现中国特色案例研究事业的新发展。

国家法官学院

最高人民法院司法案例研究院

2021年2月22日

目　录

Contents

一、财产保险纠纷

（一）机动车相关保险纠纷

(二) 重大疾病保险纠纷

（三）人寿保险纠纷

三、代位求偿权纠纷

一、财产保险纠纷

（一）机动车相关保险纠纷

1

车上人员责任险与交强险保险竞合时赔付方式的认定

——王某诉平安财保邳州支公司保险合同案

【案件基本信息】

1. 裁判书字号

江苏省淮安市中级人民法院（2019）苏08民终2449号民事判决书

2. 案由：保险合同纠纷

3. 当事人

原告（被上诉人）：王某

被告（上诉人）：平安财保邳州支公司

【基本案情】

2018年7月2日，王某所有的A号货车在平安财保邳州支公司投保机动车损失险及车上人员责任险（司机）并不计免赔，机动车损失险保险金额为151800元，车上人员责任险（司机）责任限额为10000元，保险期间为2018年8月1日至2019年7月31日。2018年8月30日，李某在经王某允许后驾驶上述投保车辆与案外人肖某驾驶的B号重型箱式货车发生保险事故，导致车辆损坏，肖某当场死亡，李某及 B 号车上人员金某受伤。事故发生后，交警部门认定案涉投保车辆驾驶员李某负事故次要责任，肖某负事故的主要责任。李某受伤产生医疗费 22724.45 元，王某支付了该医疗费。现双方对车辆损失、施救费以及已付车上人员医疗费等理赔数额未能达成一致意见，故王某诉至法院，要求平安财保邳州支公司赔偿车损费、评估费、施救费、医疗费等合计 176650 元并承担本案的诉讼费用。

【案件焦点】

1. 车上人员责任险应否在扣除 1 万元交强险后按照事故责任比例予以赔付；2. 平安财保邳州支公司应否承担评估费。

【法院裁判要旨】

江苏省涟水县人民法院经审理认为：平安财保邳州支公司应赔付车损险 149800 元、施救费 6580 元。

对于车上人员责任险保险金赔付问题。因案涉车辆投保了保险金额为 10000 元的车上人责任险（司机），案涉车辆司机在保险事故中受伤，实际产生医疗费 22724.45 元，王某实际支付了该医疗费，平安财保邳州支公司应按照保险合同赔偿。平安财保邳州支公司主张保险合同约定按事故责任比例承担赔偿责任，因该条款不符合保险法原理，不符合缔约目的，也有违公平原则，同时与鼓励机动车驾驶者遵守交通法规的社会正面价值导向背离，故该免责条款无效，对平安财保邳州支公司该抗辩意见不予采信。平安财保邳州支公司应赔付车上人员责任险保险金 10000 元。

对于评估费问题。根据相关法律规定，被保险人因确定保险标的损失程度所支付的必要的、合理的费用，由保险人承担，故本案的评估费用 7450 元应由平安财保邳州支公司承担。

江苏省涟水县人民法院依照《中华人民共和国保险法》第二条、第十四条、第五十七条、第五十九条、第六十四条和《中华人民共和国民事诉讼法》第四十八条、第一百四十二条，《最高人民法院关于适用〈中华人民共和国民事诉讼法〉的解释》第五十二条之规定，判决：

一、平安财保邳州支公司于判决发生法律效力之日起二十日内向王某赔付机动车损失保险金 141800 元、车上人员责任险（司机）保险金 10000 元、施救费用

6580元、评估费用7450元，合计165830元；

二、平安财保邳州支公司于判决发生法律效力并在王某返还A号货车后十日内向王某赔付机动车损失保险金8000元；

三、驳回王某的其他诉讼请求。

平安财保邳州支公司不服原审判决对车上人员责任险保险金、评估费以及诉讼费的认定，提起上诉。江苏省淮安市中级人民法院经审理认为：

第一，关于车上人员责任险的赔付问题。首先，机动车车上人员责任险系责任保险，保险标的是被保险人因为被保险机动车意外事故的发生依法应对车上人员所负的赔偿责任，故该种保险应按责任比例进行赔付。其次，被上诉人作为车上人员责任险的被保险人，其向车上人员支付医疗费用后，既可以依据本车车上人员责任险主张理赔，也可以依据对方投保的交强险主张理赔。应根据《最高人民法院关于审理道路交通事故损害赔偿案件适用法律若干问题的解释》① 第十六条规定，优先在交强险限额内赔偿，被上诉人支付的医疗费用应先扣除交强险赔偿限额。故平安财保邳州支公司向王某赔付车上人员责任险保险金为（22724.45元－10000元）×30%＝3817.3元。

第二，关于评估费问题。根据《中华人民共和国保险法》第六十四条规定，保险人、被保险人为查明和确定保险事故的性质、原因和保险标的的损失程度所支付的必要的、合理的费用，由保险人承担。本案中，王某为确定投保车辆损失程度所支出的评估费属于上述规定的必要、合理费用，平安财保邳州支公司依法应予承担。

江苏省淮安市中级人民法院依据《中华人民共和国民事诉讼法》第一百七十条第一款第二项规定，判决：

一、维持江苏省涟水县人民法院（2019）苏0826民初142号民事判决第二、三项；

二、变更江苏省涟水县人民法院（2019）苏0826民初142号民事判决第一项为：平安财保邳州支公司应于本判决发生法律效力之日起二十日内向王某赔付机动

---

① 为配合《中华人民共和国民法典》的施行，最高人民法院于2020年12月对大量司法解释进行了修正。本书收录的案例均裁判于相关司法解释修正之前，适用的是当时有效的司法解释，条文序号、内容可能与现行有效的司法解释存在出入，下文将不再对此进行提示。

车损失保险金 141800 元、车上人员责任险（司机）保险金 3817.3 元、施救费用 6580 元。

【法官后语】

车上人员责任险的被保险人，因双方交通事故在向本车车上人员支付医疗费用后，既可以依据本车的车上人员责任险主张保险金，也可以依据对方投保的交强险主张保险金，即产生了车上人员责任险和交强险的两种责任保险竞合。究竟如何赔付，是当前法院审理此类保险案件的热点和难点，一、二审不同的裁判思路分别代表了审判实践中两种完全相反的观点，各地法院对此也有不同判决。本案对此问题作了详细研究梳理，对问题的解决提供了一定的借鉴。

1. 车上人员责任险应按照事故责任比例予以赔偿

机动车车上人员责任险顾名思义，系责任保险，根据《中华人民共和国保险法》第六十五条规定，责任保险的被保险人给第三者造成损害，被保险人对第三者应负的赔偿责任确定的，根据被保险人的请求，保险人应当直接向该第三者赔偿保险金。而且机动车车上人员责任险的保险合同中通常也都约定，“保险期间内，被保险人或其允许的驾驶人在使用被保险机动车过程中发生意外事故，致使车上人员遭受人身伤亡，且不属于免除保险人责任的范围，依法应当对车上人员承担的损害赔偿责任，保险人依照本保险合同的约定负责赔偿”。可以看出，车上人员责任险的保险标的是被保险人因为被保险机动车意外事故的发生依法应对车上人员所负的赔偿责任，且该种赔偿责任属于机动车车上人员责任险保险合同约定的责任，故该种保险只是对被保险人应负担的责任予以赔付，应按被保险人在事故中的责任比例进行赔付，这也是责任保险的基础，不同于车损险等普通的财产险，不适用损失补偿原则。由于车损险是一种损失补偿保险，被保险人获得赔偿的依据是其实际损失，而非其承担的赔偿责任，因此车损险中约定依据机动车驾驶人在事故中所负的事故责任比例承担相应赔偿责任属于无效条款，而车上人员责任险等责任保险中如此约定则符合保险法理，亦符合缔约目的，属于有效条款。

2. 损失应先扣除交强险赔偿限额

车上人员责任险的被保险人，其在向车上人员支付医疗费用后，成为事故责任对方所投保交强险的第三者，其既可以依据车上人员责任险向保险公司主张理赔其所负事故责任比例对应的保险金，也可以依据对方投保的交强险向承保该险种的保险公司主张理赔，从而产生了责任保险竞合。由于我国交强险实行的是统一限额赔偿制度，只区分有责项下的赔偿限额和无责项下的赔偿限额，并不像车上人员责任险、三者险等责任保险是按被保险人所负事故责任比例赔偿，不能通过按责任比例承担各自份额的方式而不受先后理赔顺序的影响，因此会因为是先扣再比、先比再扣或者是只比不扣，得出不一样的理赔数额。对此，车上人员责任险保险合同通常都约定赔款要先扣除对方交强险赔偿限额后再按责任比例赔付，即先扣再比，此种约定从一定意义上说也是属于设定索赔前置条件的保险条款。

（1）索赔前置条款的非法性排除

审判实践中同样有观点认为该条款为无效条款，理由是根据《最高人民法院关于适用〈中华人民共和国保险法〉若干问题的解释（二）》（本案以下简称《解释二》）第十九条第一款规定："保险事故发生后，被保险人或者受益人起诉保险人，保险人以被保险人或者受益人未要求第三者承担责任为由抗辩不承担保险责任的，人民法院不予支持。"该观点从表面上看极具合理性，但实质是误解了该条的要义。

根据保险法第六十条和第六十一条的相关规定，财产保险的被保险人或受益人对第三人享有的赔偿请求权与其对保险人享有的保险金赔偿请求权是相互影响的，保险人赔付被保险人损失后还享有向造成损失的第三者请求赔偿的代位追偿权。《解释二》第十九条进一步明确了这两种请求权竞合情形下的行使顺序，即被保险人可以自由选择。因《解释二》第十九条是对保险法第六十条和第六十一条的进一步解释，故该解释的适用前提是财产保险事故，被保险人享有自由选择权是建立在保险人享有代位追偿权的基础上。车损险是最典型的财产保险，适用损失填补原则，保险人赔偿财产损失后可代位追偿，如果车损险保险条款规定被保险人首先要向负有责任的第三人求偿，实际上是剥夺了被保险人直接向保险人求偿的权利，也不符合设置保险人代位追偿权的立法初衷，故这样的条款属无效条款，适用《解释二》第十九条毋庸置疑。但车上人员责任险系责任保险，不是普通的财产保险，其保险标的是被保险人依法应负的赔偿责任，不适用损失填补原则，保险人赔偿后并不享有代位追偿权，因此车上人员责任险不适用《解释二》第十九条规定，进而不能因车损险中设置索赔前置条件的保险条款无效而类推在车上人员责任险中也无效。

(2) 索赔前置条款的合法性分析

一方面，车上人员责任险属于商业保险，即非强制的保险，在与交强险竞合时，究竟是先扣再比还是只比不扣，笔者认为，根据《最高人民法院关于审理道路交通事故损害赔偿案件适用法律若干问题的解释》第十三条第一款规定，同时投保机动车第三者责任强制保险（以下简称交强险）和第三者责任商业保险（以下简称商业三者险）的机动车发生交通事故造成损害，当事人同时起诉侵权人和保险公司的，人民法院应当依照民法典第一千二百一十三条的规定，确定赔偿责任。因此，两种责任保险竞合时，应优先在交强险限额内赔偿，这也符合交强险法定性、强制性的特点。而且，车上人员责任险保险合同系投保人自愿签订，保险人也就该索赔前置条款向投保人予以了提示和明确说明，保险合同对此也没有其他相反的特别约定，该条款理应产生法律效力。被保险人支付的医疗费用在车上人员责任险中理赔时应先扣除交强险的赔偿限额。

编写人：江苏省淮安市中级人民法院　刘弘

2

被保险人主张保险理赔不以保险标的实际修复为前提

——南某诉人保江宁公司财产保险合同案

【案件基本信息】

1. 裁判书字号

江苏省南京市中级人民法院（2019）苏01民终2768号民事判决书

2. 案由：财产保险合同纠纷

3. 当事人

原告（被上诉人）：南某

被告（上诉人）：人保江宁公司

【基本案情】

案涉车辆由案外人黄某初次购买，并初始登记在黄某名下。黄某为案涉车辆向中国人民财产保险股份有限公司盐城市分公司（以下简称人保盐城公司）投机动车交通事故责任强制保险，保险期间为2017年8月14日0时至2018年8月13日24时，财产损失赔偿限额为2000元。后案涉车辆由南某买受。2017年10月2日，南某向人保江宁公司为案涉车辆投保机动车损失保险、第三者责任保险及不计免赔，其中机动车损失保险的保险金额为319558.4元，第三者责任保险的保险金额为100万元，保险期间为2017年10月2日18时至2018年10月2日24时。2018年5月3日18时30分，南某驾驶车辆沿宁宣高速行驶时撞上护栏，造成车辆及护栏损坏。南京市公安局交通管理局高速公路五大队认定南某负事故全部责任。次日，南某向江苏省高速公路交通运输执法总队宁杭支队支付路产赔偿费10170元。

经南某申请，一审法院依法委托双方当事人共同选定的南京金典保险公估有限公司（以下简称金典公司）对案涉车辆损失进行评估。2018年7月26日，金典公司出具评估报告，确认案涉车辆的损失金额为262000元。南某为此支付公估费14400元。

【案件焦点】

被保险人主张保险金是否以案涉车辆实际修复为前提。

【法院裁判要旨】

江苏省南京市江宁区人民法院经审理认为：虽然案涉交强险保险单与商业险保险单记载的车牌号均与南某持有的行驶证车牌号不一致，但2张保险单记载的车架号与发动机号均与南某所有的车辆一致。南某驾驶该车在保险期间内发生交通事故，人保江宁公司应当按约赔偿车辆损失。经金典公司评估，案涉车辆因事故造成的损失金额为262000元。人保江宁公司抗辩称该金额过高，但并未提供反驳证据。人保江宁公司应当在机动车损失险项下赔偿南某车辆损失262000元。南某因案涉事故造成高速公路路产损失，并赔偿了10170元。法律规定，同时投保交强险和商业三者险的机动车发生交通事故造成损害，应先由承保交强险的保险公司在责任限额范围内予以赔偿，不足部分，由承保商业三者险的保险公司根据保险合同予以赔偿。故人保江宁公司抗辩称应由承保案涉车辆交强险的人保盐城公司在财产损失限额范围内赔偿2000元符合法律规定，一审法院予以采纳。因此，扣除应由交强险赔付的部分，人保江宁公司应在商业三者险项下赔偿南某8170元。本案审理过程中，南某申请对案涉车辆损失进行评估而支付的公估费14400元系属被保险人为查明和确定保险标的的损失程度所支付的必要的、合理的费用，依法应由保险公司承担。

江苏省南京市江宁区人民法院依照《中华人民共和国保险法》第二十三条、第六十四条，《最高人民法院关于审理道路交通事故损害赔偿案件适用法律若干问题的解释》第十六条规定，作出如下判决：

一、人保江宁公司于判决发生法律效力之日起十日内赔偿南某车辆损失262000元、路产损失8170元及公估费14400元，合计284570元；

二、驳回南某的其他诉讼请求。

人保江宁公司不服一审判决，提起上诉，认为南某并未提交维修费票据，不能证明已实际支付维修费。江苏省南京市中级人民法院经审理认为：根据案涉《机动车损失保险条款》约定，人保江宁公司应当对属于保险责任范围内的损失按约赔偿。本案一审中，关于案涉车辆损失金额的问题，具有公估资质的金典公司作为鉴定机构系双方当事人共同协商选定，一审法院依法委托金典公司对案涉车辆损失进行评估，金典公司所作车辆损失为262000元的鉴定意见经一审法院审核后可以作为认定案涉车辆损失金额的依据。对于人保江宁公司关于南某未提供维修费发票不能证明其已经实际支付了维修费用，故人保江宁公司对案涉车辆损失不应赔偿的上诉意见，保险人给付保险金是保险人在保险合同项下应负担的主要义务。引发财产损失的保险事故发生之时，保险人已对被保险人负有确定的给付义务。案涉车辆因交通事故已造成损失，且损失金额已经一审法院委托公估机构予以确定，车辆是否维修并非确定损失是否发生的前提条件，即使案涉保险条款约定南某在理赔时应当提交维修费用票据，该票据并不是确定损失是否发生的依据，人保江宁公司的该项上诉意见，无事实和法律依据。

江苏省南京市中级人民法院依照《中华人民共和国民事诉讼法》第一百七十条第一款第一项规定，作出如下判决：

驳回上诉，维持原判。

【法官后语】

保险事故发生引发保险标的财产损失后，保险人在理赔过程中往往要求被保险人实际修复保险标的，并将维修或修复的发票、清单、明细等文件提交作为保险理赔的前提。这一做法对于坚持保险补偿原则、防范保险欺诈具有一定的积极意义，但延长了理赔周期，与被保险人及时获得赔付的权利相悖。近年来，在保险法及司法解释所确定的理赔规则体系之下，未先行修复受损害保险标的的当事人能否获得保险金赔付，引发纠纷争议较多，裁判结果亦不尽相同。

保险事故发生时即产生保险人给付义务，通过保险人自行核定或独立评估鉴定确定赔付金额是给付义务履行层面的问题。保险人给付保险金是与投保人缴纳保费相对应的对待给付义务，是保险人在保险合同项下应负担的主要义务。给付保险金的前提在于保险事故发生。就财产险而言，一旦保险事故发生，必然引发保险人给付义务的产生，除非保险事故并未造成财产损失，此时应用保险法的损失填补原则可以豁免保险人的赔偿责任。具体到给付义务履行层面，损失金额之确定，又为保险人履行保险金给付义务之先决条件；如若损失金额不确定，保险人亦无从履行给付义务。唯损失金额之确定，在于启动损失调查勘估程序，即我国保险法中规定的保险人“核定”程序或独立评估鉴定程序。根据《中华人民共和国保险法》第二十一条至第二十五条以及《最高人民法院关于适用〈中华人民共和国保险法〉若干问题的解释（二）》第十五条规定，保险人核定损失金额存在法定时限要求。但保险事故的复杂性、保险理赔的专业性以及保险人在理赔程序中的优势地位会导致部分保险人将其自主运行的核定理赔程序异化为拖赔、惜赔或无理拒赔的工具，通过“制造”义务履行问题拖延义务履行，甚至质疑义务的存在与正当性。这是司法应当予以纠正的，同时也更加凸显由独立机构进行评估鉴定的必要性。当保险人怠于核定损失或双方存在争议时，保险人与被保险人均可启动独立评估鉴定程序以确定损失数额。为保证保险理赔的公平性与及时性，一般情况下，经由独立评估鉴定机构确定的损失数额或成为较优选项。

保险赔付方式包含保险金赔付与现物赔偿，我国保险法并未规定现物赔偿方式。在不存在相反约定的情况下，一旦保险事故发生，被保险人的期待利益转化为现实利益，即可以请求保险人给付保险金。至于保险金的用途，由被保险人单方处置、决定，不受保险人干涉。被保险人有权选择修复保险标的，也有权选择继续使用、折价出售等。要求被保险人必须先行修复，然后才能获得保险金，是对被保险人财产处分权的剥夺，不当地增加了被保险人的负担。损失核定是专业人员按照更换配件价格、工时费、材料费等计算出将受损标的恢复原有使用价值所需费用的专业程序，既不需要受损标的真实还原，其成本也应摊销在保险人的经营管理费用之中。在部分案件中，被保险人在保险事故发生后无力维修，无法提供维修发票与清单，遂发生保险人拒赔之后果，这一方面延迟了保险人负担的法定时限内核定并理赔之义务履行，为被保险人获得法定赔付设置了不合理的前置程序；另一方面又规避了保险人本应承担的核定事故损失的成本，是保险人延迟履行其法定义务的表现。就本案而言，案涉事故发生后，人保江宁公司未及时核定损失，南某有权委托有公估资质的机构对损失进行评估，以确定损失金额。人保江宁公司以南某未实际支付维修费为由主张拒赔，侵犯了南某请求及时赔付保险金的权利，不应得到支持。

编写人：江苏省南京市中级人民法院　朱永刚

3

驾驶越野车涉水行驶是否属于危险程度显著增加

——林某诉人保公司保险合同案

【案件基本信息】

1. 裁判书字号

福建省福州市中级人民法院（2019）闽01民终5428号民事判决书

2. 案由：保险合同纠纷

3. 当事人

原告（被上诉人）：林某

被告（上诉人）：人保公司

【基本案情】

林某系A号车所有人，该车辆在人保公司投保了机动车损失保险及不计免赔险、发动机涉水损失险等险种，保险期限为2018年1月13日至2019年1月12日。2018年3月31日，林某驾驶A号车在闽侯县因涉水造成包括发动机损失在内的车辆损失。事故发生后林某向人保公司报案，人保公司安排“陆丰救援”对车辆进行施救。2018年5月2日，人保公司理赔中心以报案情况不属于保险责任范围为由拒绝赔付。林某因此诉至法院，要求人保公司在机动车损失保险、发动机涉水损失险范围内赔偿维修费、施救费等共计88417元。

【案件焦点】

1. 本案事故是否属于机动车损失险及发动机涉水损失险的保险责任范围；2. 本案事故是否属于保险人免责范围。

【法院裁判要旨】

福建省福州市鼓楼区人民法院经审理认为：林某就案涉车辆在人保公司投保机动车损失险、发动机涉水损失险（不计免赔），系双方真实意思表示，未违反法律行政法规强制性规定，双方保险合同关系合法有效。林某在事故发生后，未如实告之事故发生情况，导致人保公司查明的事故原因与事实存在差异。林某提交的事故经过的视频材料可以证实案涉车辆系缓慢驶过河滩上积水时，其车头被河水淹没后熄火，案涉小车并非坠落水中，该事故不属于机动车损失保险的保险责任范围。根据保险合同约定，发动机涉水损失系机动车损失保险的附加险。发动机涉水损失险保险责任条款约定，“保险期间内，投保了本附加险的被保险机动车在使用过程中，因发动机进水后导致的发动机的直接损毁，保险人负责赔偿”。该条款并未约定保险责任范围为发生机动车损失保险责任范围内的事故，同时保险合同亦约定，附加险条款的法律效力优于主险条款。案涉小车缓慢驶过河滩上积水时，其车头被河水淹没，发动机进水后导致发动机损毁，符合案涉发动机涉水损失险第一条保险责任的约定，故人保公司应依约理赔。经鉴定机构鉴定，此次事故造成发动机进水，损失费用88417元，人保公司虽对此鉴定结论提出异议，但未提交相反证据予以佐证，本院对此鉴定结论予以认可，人保公司应依约赔付林某。林某在人保公司拒不定损情况下，申请对此次事故的损失进行鉴定，支出的鉴定费5000元，系确定损失所支出必要合理之费用，该费用应由人保公司承担。人保公司未提交证据证明被保险车辆主要用于在河里涉水行驶，同时亦未能提供充分证据证明投保车辆偶尔用于涉水爬山即已达到车辆危险程度显著增加的程度，故本案事故不属于保险法第五十二条规定的保险标的的危险程度显著增加的情形，人保公司的上述答辩意见不予采纳。林某主张其因本次事故支出施救费800元，但未提交证据予以证明，不予支持。

福建省福州市鼓楼区人民法院依照《中华人民共和国合同法》① 第六十条、第一百零七条，《中华人民共和国保险法》第十一条、第十四条规定，作出如下判决：

一、人保公司应于本判决生效之日起十日内向林某支付保险赔偿金88417元及鉴定费5000元；

二、驳回林某其他损失请求。

人保公司不服一审判决，提起上诉。福建省福州市中级人民法院经审理认为：关于本案事故是否属于机动车损失险及发动机涉水损失险的保险责任范围。案涉车辆系缓慢驶过河滩积水，并非坠落水坑，不符合《中国人民财产保险股份有限公司机动车综合商业保险条款》中关于“坠落”的释义，亦不符合一般人通常理解的“坠落”，故该事故不属于机动车损失险的保险责任范围。发动机涉水损失险虽然是附加险，但其保险责任范围明确，不存在未尽事宜，人保公司关于机动车损失险的保险责任范围同样适用于发动机涉水损失险的主张不能成立。案涉车辆发动机进水后导致发动机直接毁损，属于发动机涉水损失险的保险责任范围。关于本案事故是否属于保险人免责范围。首先，从林某所陈述的事故时间前后不一、错误指认现场等事实可以证实，林某在事故发生后，未如实告知人保公司事故发生情况，导致人保公司查明的事故情况与事实存在差异。诉讼中，法院要求林某提交完整的能够反映事发经过的视频材料，但其未能提供。其次，事故发生地为溪床，并非正常的道路。据林某及其代理人陈述，事发当日，林某驾车在溪床上玩了半个多小时，且在比较浅的溪水上行驶。再次，林某陈述，案涉车辆底盘曾改装过，车辆的涉水点在1.3米至1.4米，其曾驾驶车辆安全通过1米水深的路段。最后，根据某公估公司

---

① 《中华人民共和国民法典》于2021年1月1日起实施，《中华人民共和国合同法》《中华人民共和国民法总则》等同时废止。本书收录的案例均裁判于《中华人民共和国民法典》生效前，适用的是当时有效的法律规定，下文将不再对此进行提示。

出具的《调查报告》，事发地点附近的烧烤店老板曾陈述“时常有越野车在水中驾驶寻求刺激”，林某的朋友李某曾发布涉案越野车下河涉水行驶的照片至微信朋友圈。结合上述事实，可以证实事故发生当日，林某是有意驾驶被保险车辆在事故发生地附近涉水行驶玩要，并非偶然涉水行驶，其主观上存在放任车辆涉水的故意，符合“车辆危险程度显著增加”的情形，在此情况下，林某理应事先如实告知人保公司车辆涉水情况。依照《中华人民共和国保险法》第五十二条“在合同有效期内，保险标的的危险程度显著增加的，被保险人应当按照合同约定及时通知保险人，保险人可以按照合同约定增加保险费或者解除合同……被保险人未履行前款规定的通知义务的，因保险标的的危险程度显著增加而发生的保险事故，保险人不承担赔偿保险金的责任”之规定，林某未及时通知人保公司，且案涉车辆发动机进水导致发动机的毁损与林某故意驾驶车辆涉水行驶存在直接的因果关系，故人保公司不承担赔偿保险金的责任。

福建省福州市中级人民法院依照《中华人民共和国民事诉讼法》第一百七十条第一款第二项规定，判决如下：

一、撤销福建省福州市鼓楼区人民法院（2018）闽0102民初5869号民事判决；

二、驳回林某的诉讼请求。

【法官后语】

保险是将被保险人的风险转移给承保人的一种协议。该协议的具体内容是投保人向保险人支付一定的费用，保险人承诺在特定事件发生或约定期限到来之时，向被保险人赔偿或者给付相应金钱或其他利益。由于保险人承保的保险标的之风险处于不确定之状态，因此，保险人无论于缔约时或缔约后关于危险的掌握及控制于事实上几乎立于无能之地位。与此同时，由于保险合同为继续性合同，若危险严重超出缔约时保险合同所承保的程度，则势必会提高保险事故发生的概率，从而加重保险人的义务，破坏原有的对价平衡。因此，当保险标的的危险程度显著增加时，被保险人应当按照合同约定及时通知保险人，以便保险人决定是否增加保费或者解除保险合同，此即危险增加的通知义务。

按照法学理论通说，构成危险程度显著增加应当同时具备显著性、持续性和未被评价性三个要件。(1) 显著性，指危险状况的改变必然对保险人产生重要的影响，以至于在该情况下任何一个理性的保险人都会要求提高保险费用或不再愿意接受原保险合同的约束。(2) 持续性，指保险标的危险程度显著增加的状况是非偶然的，该危险增加的状况在相当长的一段时期处于一个持续性的状态。(3) 未被评价性，指以符合现实的理性保险技术为标准，危险状况的改变在订约当时未曾预料和评估。

根据《最高人民法院关于适用〈中华人民共和国保险法〉若干问题的解释(四)》第四条的规定，人民法院认定保险标的是否构成“危险程度显著增加”时，应当综合考虑以下因素：(1) 保险标的用途的改变；(2) 保险标的使用范围的改变；(3) 保险标的所处环境的变化；(4) 保险标的因改装等原因引起的变化；(5) 保险标的使用人或者管理人的改变；(6) 危险程度增加持续的时间；(7) 其他可能导致危险程度显著增加的因素。保险标的危险程度虽然增加，但增加的危险属于保险合同订立时保险人预见或者应当预见的保险合同承保范围的，不构成危险程度显著增加。在保险纠纷审判实践中，机动车辆危险程度显著增加的典型情形主要包括对投保车辆进行改装、加装或者变更使用用途等。本案中，被保险人以家庭自用用途为案涉车辆投保，事故发生当日，被保险人有意驾驶被保险车辆在事故发生地附近涉水行驶玩耍，其主观上存在放任车辆涉水的故意，该涉水行为客观上导致保险标的发生事故的概率增大，符合“车辆危险程度显著增加”的情形，在此情况下，被保险人理应事先如实告知人保公司车辆涉水情况。被保险人未及时通知人保公司，且案涉车辆发动机进水导致发动机的毁损与被保险人故意驾驶车辆涉水行驶存在直接的因果关系，故保险人不承担赔偿保险金的责任。

日常生活中，在保险合同有效期内因主观或客观原因导致保险标的的危险程度显著增加的情况时有发生，基于对价平衡原则，在此种情况下被保险人应当按照合同约定及时通知保险人，保险人可以按照合同约定增加保险费或者解除合同，唯此才能更好地平衡保险合同双方关系，平等合法保护各方权益。

编写人：福建省福州市鼓楼区人民法院　王明亮　林长春

4

保险公司销售人员收取理赔材料的行为是否属于诉讼时效中断的事由

——香橙物流公司诉小品财险公司财产保险合同案

【案件基本信息】

1. 裁判书字号

广东省广州市中级人民法院（2019）粤01民终13669号民事判决书

2. 案由：财产保险合同纠纷

3. 当事人

原告（被上诉人）：香橙物流公司

被告（上诉人）：小品财险公司

【基本案情】

2014年3月11日，广州市西塑运输有限公司为其名下A号车辆向被告投保车辆损失保险及不计免赔险，被告出具《小品财产保险股份有限公司机动车辆保险单》，载明被保险人为广州市西塑运输有限公司，车辆损失险保险金额为212500元，保险期间自2014年3月20日0时起至2015年3月19日24时止。2014年8月2日，刘某驾驶的重型半挂牵引车因损坏无法行使，其遂将车辆停在路上，遇由杨某驾驶载物超过核定载质量的A号牌重型半挂牵引车从后方同方向同车道驶至，两车发生碰撞，造成杨某受伤及两车不同程度损坏的道路交通事故。佛山市公安局交通警察支队一环公路大队出具的《道路交通事故认定书》认定刘某承担此事故的同等责任，杨某承担此事故的同等责任。2014年8月4日，被告出具机动车辆保险批单与机动车交通事故责任强制保险批单，同意被保险人为广州市西塑运输有限公司，车主的名称由广州市东胜货物运输有限公司变更为香橙物流公司，即本案原告。案涉事故发生后，原告一直向被告索赔，被告的销售人员张某于2016年7月26日向原告出具《车辆理赔资料接收单及索赔联》。2014年12月10日，案涉车辆作报废处理。原告委托拉娜公司对案涉车辆损失进行评估，拉娜公司出具《评估报告书》，报告书载明车辆损失价值为227248元。

【案件焦点】

1. 原告的主张是否超过诉讼时效；2. 案涉车辆违反安全装载规定是否构成被告的免赔事由；3. 如何确定案涉车辆的损失。

【法院裁判要旨】

广东省广州市越秀区人民法院经审理认为：关于原告的主张是否超过诉讼时效的问题，案涉事故发生在2014年8月2日，原告陈述在案涉事故后一直向被告积极索赔，且被告的销售人员张某于2016年7月26日向原告出具《车辆理赔资料接收单及索赔联》。上述事实可以认定原告在案涉事故发生后向被告申请理赔，且提交了相应的理赔材料，原告并未放弃保险索赔的权利，即使按照《车辆理赔资料接收单及索赔联》上载明的提交资料日期2016年7月26日，原告的主张也未超过诉讼时效。故被告抗辩原告的索赔已超过诉讼时效的意见，没有法律依据，不予采纳。

关于案涉车辆违反安全装载规定是否构成被告的免赔事由的问题，根据佛山市公安局交通警察支队一环公路大队出具的《道路交通事故认定书》并未认定杨某驾驶的案涉车辆违反安全装载规定是构成案涉事故的直接原因，故被告抗辩案涉车辆违反安全装载规定构成免责事由的意见没有事实根据，不予采纳。但根据双方签订的保险单所附《机动车综合商业保险条款》第十一条第三款及附加险中不计免赔率险第一条、第二条的规定，因案涉车辆违反安全装载规定，但不是事故发生的直接原因的，增加10%的绝对免赔率，故对案涉事故造成的车辆损失，属于被告的保险责任，被告应予以赔偿，但可以增加10%的绝对免赔率。

关于如何确定案涉车辆的损失的问题，因本案中原告自行委托的拉娜公司评估的车辆损失价值为227248元，被告对此有异议并申请重新评估鉴定，故法院委托打雷公司对案涉车辆的损失进行重新评估鉴定，评估结论为涉案重型半挂牵引车在受损事故发生时的实际价值为205800元，以此评估结论作为认定车辆损失金额的依据。在被告增加 10% 的绝对免赔率后，应向原告赔偿案涉车辆的损失 185220 元（205800 元 ×90%）。重新委托评估产生的评估费 15600 元，是为查明和确定被保险车辆损失程度所支付的必要的、合理的费用，应由被告承担。

广东省广州市越秀区人民法院依照《中华人民共和国合同法》第八条、第六十条、第一百零七条，《中华人民共和国保险法》第十四条、第二十六条、第六十四条之规定，判决如下：

一、在本判决发生法律效力之日起十日内，被告小品财险公司向原告香橙物流公司支付保险赔偿金 185220 元；

二、驳回原告香橙物流公司的其他诉讼请求。

小品财险公司不服原审判决，提起上诉。广东省广州市中级人民法院经审理认为：上诉人称本案证人张某系其员工，但没有权限接收索赔材料，被上诉人向其提交资料索赔，不能证明上诉人收到了给付保险金的请求，因此其可以主张时效抗辩。但本案案涉保险合同订立时，即由该员工代表上诉人与投保人协商，而在保险事故发生后，被上诉人向该员工提供索赔资料主张索赔，也符合保险合同履行的常规。如上诉人对该员工的权限有限制，要求其不得接受理赔申请，也应将此限制通知相对人，否则该限制对相对人不发生效力。现上诉人未就此提交证据，故即便上诉人对其员工权限存在限制，也不能因此对抗被上诉人，此项上诉理由不能成立。关于损失金额问题。本案案涉车辆损失金额，经一审法院委托有资质鉴定机构评估确定，现上诉人并未举证证明评估过程和评估结论存在违法行为，故对其关于评估结论的异议不予支持。综上所述，一审法院认定事实清楚，适用法律和处理结果正确。

广东省广州市中级人民法院依照《中华人民共和国民事诉讼法》第一百七十条第一款第一项之规定，判决如下：

驳回上诉，维持原判。

【法官后语】

职务行为通常是指工作人员行使职务的行为，是履行职责的活动，与工作人员的个人行为相对应。一般而言，公司制企业的工作人员可以分为两类：法定代表人和其他工作人员，因此职务行为也可以进一步分化为法定代表人的职务代表行为和其他工作人员的职务代理行为两种。

其他工作人员依公司法人的授权，与交易相对人发生外部法律关系。职务代理行为具有以下三个特点：第一，法人与其他工作人员之间的代理关系是以委托或劳动合同等合同关系为基础关系而产生。这些基础关系也通常决定了代理人从事代理活动的范围和权限。第二，其他工作人员进行职务代理行为时须有法人的明确授权，包括具体性授权和常规性授权，代理权是代理行为之法律后果归属于法人的必备条件，代理行为视为代理人的行为。第三，职务代理行为和普通民事代理的区别主要表现在，相对人在交易过程中进行“外观判断”时所需持有的“注意程度”不同；对于职务代理行为，从外观来看，因代理人与法人存在劳动雇佣关系，而较容易使相对人对代理人是否具备充分代理权形成误判。

具体到本案中，张某收取理赔资料的行为是否构成职务代理行为，应从以下几方面分析：首先，张某作为保险公司销售人员，与保险公司签订了劳动合同关系，符合职务代理行为的基础构成要件。其次，张某收取投保人提交的理赔资料，是在保险公司的营业场所，保险公司的理赔人员也在旁边，保险公司仅因投保人提交的理赔资料不全，故未收取材料，于是，张某向投保人出具了《车辆理赔资料接收单及索赔联》。从案情来看，虽然张某不是保险公司理赔部门的工作人员，不具有收取理赔资料的权限，但是在商事活动中，除法人名义、授权、利益归属等方面外，惯例或习惯、牵连性、信赖可能性及时间、地点标准也应作为识别规则。本案案涉保险合同订立时，即由该员工代表保险公司与投保人协商，而在保险事故发生后，投保人向该员工提供索赔资料主张索赔，也符合保险合同履行的常规。如保险公司对该员工的权限有限制，要求其不得接受理赔申请，也应将此限制通知相对人，否则该限制对相对人不发生效力。最后，投保人在保险公司的营业场所递交了理赔资料，并拿到了保险公司员工张某出具的回执，投保人作为非保险公司的员工，并不能清楚了解保险公司内部的规章制度和员工权限，投保人作为善意相对人有理由相信张某有单位的代理权，张某的行为构成表见代理。因此，作为销售人员的张某收取理赔资料的行为，构成投保人理赔诉讼时效中断的事由。

编写人：广东省广州市越秀区人民法院　赵璐璐

5

报险和定损并不是认定车辆损失与事故关联性的唯一方式

——孟某诉财险北京分公司财产保险合同案

【案件基本信息】

1. 裁判书字号

北京市西城区人民法院（2019）京0102民初8305号民事判决书

2. 案由：财产保险合同纠纷

3. 当事人

原告：孟某

被告：财险北京分公司

【基本案情】

孟某于2015年12月15日为A号车向财险北京分公司投保了机动车损失商业险，保险限额为324000元，保险期间为2015年12月16日至2016年12月15日。2016年8月20日，案外人吴某驾驶B号小客车与孟某驾驶的A号小客车以及王某驾驶的C号小客车发生交通事故。吴某负全部责任。事故发生后，吴某因酒驾被刑事拘留，孟某与吴某及其保险公司协商赔偿事宜未果。孟某自行修理了车辆，共花费89100元，现依据相关法律规定要求财险北京分公司按照合同约定在保险责任范围内支付车辆损失费用，故诉至法院。

财险北京分公司辩称，认可公司与孟某之间的保险合同关系。因保险事故发生后，孟某未向财险北京分公司报案，财险北京分公司没有对被保险车辆定损，不能确定被保险车辆的维修项目与保险事故的关联性和合理性，但财险北京分公司不申请对关联性和合理性进行鉴定。财险北京分公司不同意孟某的全部诉讼请求。

【案件焦点】

1. 在没有报险的情况下，车辆维修项目与事故是否具有关联性，维修项目是否合理；2. 维修费发票和结算单出具时间较事故发生时间晚是否具有合理性。

【法院裁判要旨】

北京市西城区人民法院经审理认为：关于未及时报险的问题。事故发生后，原告虽未向财险北京分公司报案，但公安交通管理部门第一时间对事故现场、车辆受损情况以及事故责任分别进行了勘查、记录和认定。结合交通事故认定书及现场照片可知，被保险车辆受损部位为前部和左侧，与车辆维修清单吻合。此外，财险北京分公司在诉讼中明确表示放弃对维修项目与事故的关联性进行鉴定，同时亦未提交证据证明维修项目存在不合理之处，故对财险北京分公司的上述答辩意见不予采信。事故发生后，虽然原告未向财险北京分公司报险，但是报险和定损并不是认定车辆损失与事故关联性的唯一方式，本案中，根据事故现场照片以及交通事故责任认定书等其他证据亦可以认定其关联性。

关于维修费发票和结算单出具时间较事故发生时间晚 2 年多的问题。原告解释称，因与肇事方一直无法达成赔偿协议，在车辆维修尾款未支付的情况下，维修厂拒绝出具维修费发票和结算单，后为向财险北京分公司主张权利，在其自行补齐维修款后，维修厂才开具了发票和结算单，因此导致出现日期差异。上述解释符合常理，根据维修厂出具的情况说明，结合交通事故认定书、现场照片等证据，通过逻辑分析和日常生活经验判断，可以认定维修费发票和结算单与涉诉事故具有关联性。

综上，维修项目与事故之间具有关联性，维修项目和费用亦无明显不合理之处，因此，对于孟某要求财险北京分公司在机动车辆损失险的保险金额限额内向其赔偿车辆维修费用 89100 元的诉讼请求予以支持。孟某要求财险北京分公司支付车辆折旧损失费 10000 元，但未提交相应证据予以证明，故对该项诉讼请求不予支持。

北京市西城区人民法院依照《中华人民共和国保险法》第二条、《中华人民共和国民事诉讼法》第六十四条第一款的规定，判决如下：

一、财险北京分公司于本判决生效后十日内给付孟某车辆损失保险金 89100 元；

二、驳回孟某的其他诉讼请求。

【法官后语】

在财产保险合同纠纷中，涉及车辆的保险合同日益增多，在车辆发生保险事故后，被保险人应及时向保险公司报告险情，保险公司应当及时对事故进行查勘，以此确定相应的保险责任，但是被保险人的报险并非唯一的确定保险事故的依据，在有相应的现场照片和交管部门的认定书时，也能够认定保险事故基本情况。同时，在被保险人存在合理的理由时，即使修理费用票据开出时间晚于事故多时，也能够认定合理的维修支出。结合本案，对于此类纠纷中的常见问题要注意从以下几个方面理解：

1. 关于保险合同的成立生效问题

当事人之间签订的合同，如果没有违反法律法规的强制性规定，应当认定为有效。在对保险纠纷的处理上首先要对保险合同与具体条款是否有效进行基础判定，因为这是当事人后续责任认定的基础和依据，只有在合法有效的保险合同基础上才能讨论保险事故和当事人的处理是否属于理赔范围、是否存在免责事由、是否存在不合理支出等问题。

2. 关于未及时对事故报险的问题

保险事故发生后，被保险人应当及时报险，保险公司应当及时进行查勘，以此确定事故中的责任，但是报险和现场查勘并非定险定责的唯一依据。对事故的现场情况和相应证据的固定完全可以根据现场的照片和交管部门的认定书等来进行，这些属于具有合法性、关联性和真实性的证据，具有和报险、现场查勘一样的作用。在本案中，交管部门的认定书是一种具有高度证明力的责任认定证据，在其已经对事故的原因和现场责任等进行记录、界定时，加之现场事故的照片等佐证，完全可以对责任进行认定。

3. 关于维修票据较晚的合理性认定

在保险事故发生后，对于受损的投保财产进行维修、更换等处理，具体到本案中是对投保车辆进行维修，是被保险人减少损失的正常处理方式，且有利于避免保险公司因为财产损失扩大而加重赔偿额度，因此只要是正常的、符合常理的维修等都是符合合同约定的。但是维修等处理方式的支出票据因为各种原因可能存在不能及时出具的情况，具体到本案就是被保险人因为事故责任人一直没有及时赔偿导致维修厂没有及时开出票据。在此情况下，被保险人没有及时取得维修支出费用票据并不能当然地认定保险公司免责或者保险公司对没有及时开出票据部分不承担责任。保险事故的责任认定源于损失，维修是弥补损失的一种方式，在维修符合常理和一般标准时，因为当事人正常地行使权利而无法及时取得维修票据，在有足够证据的情况下，可以认定票据开出时间是合理的。

编写人：北京市西城区人民法院　张学良

6

保险公司采取 APP 录单方式时，电子保单不能免除人工的提示与说明义务

——曲某诉太平洋保险公司财产保险合同案

【案件基本信息】

1. 裁判书字号

北京市第一中级人民法院（2019）京 01 民终 10869 号民事判决书

2. 案由：财产保险合同纠纷

3. 当事人

原告（被上诉人）：曲某

被告（上诉人）：太平洋保险公司

【基本案情】

曲某系陕 A×××× 机动车（以下简称涉案车辆）的所有权人。2017 年 9 月 1 日，曲某作为被保险人向太平洋保险公司投保了机动车交通事故责任强制保险，同时还投保了机动车综合商业保险，保险期间为 2017 年 9 月 30 日至 2018 年 9 月 29 日，承保险种有机动车损失保险，保险金额/赔偿限额为 433100 元，不计免赔。

2018 年 7 月 4 日，临潼区出现大到暴雨天气。当日 8 时 50 分，曲某驾驶涉案车辆进入积水路段突然发生熄火。曲某随即报案并等待救援，支付施救费 5000 元。后曲某将车辆拖至太原之星汽车销售服务有限公司进行定损，定损金额为 343132.06 元。2018 年 9 月 20 日，太平洋保险公司对曲某出具《机动车保险拒赔

通知书》，告知被保险车辆未承保“发动机涉水损失险”，不属于保险责任，对此公司不能给予赔付。拒赔情况备注：根据《中国保险行业协会机动车综合商业保险示范条款》机动车损失保险责任免除第十条第八款“发动机进水后导致的发动机损坏”。因该争议，至今曲某未维修车辆。曲某要求太平洋保险公司赔偿施救费、车辆维修费。太平洋保险公司不同意其全部诉讼请求。

【案件焦点】

保险公司对于涉案车辆的维修费及保险条款是否向曲某尽到提示和说明义务。

【法院裁判要旨】

北京市海淀区人民法院经审理认为：双方针对涉案车辆所签订的保险合同，系双方当事人真实意思表示，且内容未违反法律、行政法规的强制性规定，合法有效，双方当事人均应依约全面履行各自义务。根据查明的事实，涉案车辆在事发时因涉水造成发动机损坏，该损失是否属于车损险的范围、保险人是否有权拒绝赔偿，争议焦点在于太平洋保险公司是否就此向曲某尽到了提示和说明义务。

关于说明义务的标准，太平洋保险公司虽然称涉水险应属于保险人自行投保的内容，且在电子保单中已经加黑、加粗说明，但根据曲某提供的证人证言，能够确认曲某在购买保险时，太平洋保险公司保险经纪人并未将相关的保险条款当面交付给曲某，也没有就相关免责条款向曲某当面进行明确的说明和提示。故太平洋保险公司未尽到提示和说明义务，相应免责条款不产生效力，其拒赔事由不成立，其应当向曲某赔偿相应车辆维修款。

北京市海淀区人民法院依照《中华人民共和国合同法》第一百零七条，《中华人民共和国保险法》第十七条，《最高人民法院关于适用〈中华人民共和国合同法〉若干问题的解释（二）》[①] 第十四条，《最高人民法院关于适用〈中华人民共和国保险法〉若干问题的解释（二）》第十条、第十三条规定，判决如下：

一、太平洋保险公司于本判决生效后七日内赔偿曲某施救费 5000 元、车辆维修费用 317948. 83 元，合计 322948. 83 元；

---

① 配合《中华人民共和国民法典》的施行，最高人民法院于 2020 年 12 月对大量司法解释进行了清理。本书收录的案例均裁判于相关司法解释被废止之前，此类司法解释现已失效，下文将不再对此进行提示。

二、驳回曲某其他的诉讼请求。

太平洋保险公司不服，提起上诉。北京市第一中级人民法院经审理认为：就提示与明确说明义务，太平洋保险公司上诉主张因采用电子投保，且已在曲某投保过程中向其释明，故不应承担本案赔偿责任。但法院认为，就太平洋保险公司已向曲某释明免责条款之主张，与在案证人证言不符，应不予采信。上诉人采用电子方式经营，但不能因此降低其向被上诉人就免责条款予以提示与明确说明的义务。

北京市第一中级人民法院依照《中华人民共和国民事诉讼法》第一百七十条第一款第一项规定，判决如下：

驳回上诉，维持原判。

【法官后语】

随着互联网、大数据及人工智能的迅速发展，APP录单、电子投保及机器人客服指导投保日益成为互联网保险新方式，由此带来了投保方式便捷性与保险人说明义务履行方式、投保人知情权保障的冲突。如何认定保险人说明义务中保险代理人职责的限度，在电子保单中已载明保险免责条款的前提下可否减轻保险人说明义务的履行标准及举证责任分配，这个案例提供了一个重要的分析样本。

1. 数字提示形式是否可以降低保险人人工提示和说明的标准

订立保险合同，采用保险人提供的格式条款的，保险人向投保人提供的投保单应当附格式条款，保险人应当向投保人说明合同的内容。在APP录单的投保方式中，电子保单已经就相关免责条款加黑、加粗说明。但根据投保人提供的证据，能够确认投保人在购买保险时，保险人并未将相关的保险条款当面交付给投保人，也没有就相关免责条款向投保人当面进行明确的说明和提示。应当认定保险人未尽到提示和说明义务，相应免责条款不产生效力，保险人拒赔事由不成立。

格式化的数字说明和提示形式，第一，无法满足不同投保人的多元化需求；第二，无法即时解答投保人的疑问；第三，存在“点击即理解”的误区，无法保证投保人确实已对保险条款真正知晓。综上，数字提示形式不能作为保险人降低人工提示和说明的标准的理由。

2. 保险人采用新技术与履行义务的关系

伴随着保险人运用新技术不断暴露出的便捷性与义务履行标准降低之间相冲突

的问题，我们应探索鼓励保险人创新与保障投保人利益平衡点。在严格遵循司法过程的法律方法基础上，运用符合一定原则的价值判断，平衡各方冲突的利益，弥补严格权利保护与社会创新发展需求的差距，实现规则适用与创新发展的有效统一。

在互联网、大数据及人工智能迅速发展的背景下，应鼓励保险人采取新技术降低运营成本，提高投保便捷性。然而，新技术的运用不能成为保险人降低法定义务履行标准的理由，新技术应是保证保险人与投保人权利义务的平衡、共同利益最大化的手段。因此，司法在新技术挑战下，如何平衡鼓励保险人创新业务形式与投保人权利保障，成为司法裁判满足法律效果与社会效果相统一的新维度。

综上，新技术不能免除保险人己方工作人员的专业性训练和履行义务的标准，保险人采用新技术投入运营，一方面是为了降低运维成本，另一方面是为了便利投保人，扩大覆盖范围。然而，重要的是，新技术的运用应当成为保险人提高义务履行标准，提高投保人权利保障力度的方式，保险人作为大型机构，也有人力、物力践行上述目标。随着人工智能、大数据的发展，相信越来越多的保险人、投保人与被保险人的互动形式将产生，新型、疑难复杂的纠纷也会显现，而新型纠纷的争议解决方式也应当回归到公平第一、兼顾效率的立场。

编写人：北京市海淀区人民法院　郝蓬　秦鹏博

7

保险公司错误为牵引车投保车上货物责任险，发生交通事故致挂车上货车受损的保险责任认定

——××物流公司、朱某诉华安财保公司保险合同案

【案件基本信息】

1. 裁判书字号

四川省成都市中级人民法院（2019）川01民终16157号民事判决书

2. 案由：保险合同纠纷

3. 当事人

原告（被上诉人）：××物流公司、朱某

被告（上诉人）：华安财保公司

【基本案情】

2018年3月20日，朱某驾驶A号重型半挂牵引车牵引B号重型仓栅式半挂车从汉源进入京昆高速公路往西昌方向行驶，与前方关某驾驶的C号重型半挂牵引车D号重型仓栅式半挂车发生追尾碰撞后自燃，造成朱某受伤、车辆受损的道路交通事故。2018年3月23日，四川省公安厅交通警察总队高速公路六支队三大队出具《道路交通事故认定书》，认定朱某承担此次事故的全部责任，关某不承担任何责任。

朱某为A号重型半挂牵引车和B号重型仓栅式半挂车的实际车主，行驶证上载明A号重型半挂牵引车核定载质量为0，B号重型仓栅式半挂车核定载质量为33700千克。2016年5月9日，朱某与××物流公司签订《车辆服务协议》《车辆购买实际出资人及车辆营运实际收益人确认书》，约定上述车辆借用××物流公司组织机构代码证进行车辆注册登记，由××物流公司统一投保，朱某依法享有自主使用和经营、自享收益和自负盈亏、自我管理和自担风险的民事权利。

2017年2月27日，××物流公司在华安财保公司为A号重型半挂牵引汽车投保了机动车辆商业保险，保险期限为2017年4月9日0时起至2018年4月8日24时止，包括机动车损失保险、车上货物责任险等，机动车损失保险金额为258664元，车上货物责任险金额为30000元。同时为B号重型仓栅式运输半挂车投保了机动车第三者责任保险及不计免赔率险，保险期限为2017年4月12日0时起至2018年4月11日24时止。2018年7月20日，华安财保公司出具不予受理通知书。

纠纷发生后，××物流公司、朱某诉至法院，请求判令华安财保公司承担保险责任，赔付保险金额49792.23元。华安财保公司辩称，挂车未投保车上货物责任险，所以挂车上的货物损失不属于保险责任，不应当由其赔付，其已向原告支付的施救费3000元应该扣除，对于对方剩余的车辆损失费，无相关证据不予认可。

【案件焦点】

1. 对于事故造成的车上货物损失，华安财保公司是否应当理赔；2. ××物流公司、朱某请求的施救费和剩余的车辆损失费能否成立及具体金额。

【法院裁判要旨】

四川省成都市锦江区人民法院经审理认为：关于牵引车投保的车上货物责任险保险范围是否包含挂车上的货物，从车辆的行驶证中可以看出，牵引车的核定载质量为0，挂车核定载质量为33700千克，挂车具有装载的功能，牵引车只具有牵引的功能，本身并不能装载货物，但在××物流公司为车辆投保车上货物责任险时，华安财保公司错误地对牵引车投保车上货物责任险，对挂车未投保车上货物责任险，在发生保险事故时，华安财保公司又以此来推脱其责任。在货运过程中挂车与牵引车是作为一个整体使用的，作为投保人，其在投保车上货物责任险时并不知道应为挂车还是牵引车投保，华安财保公司作为专门的保险公司，其明知应为挂车投保车上货物责任险，而错误地对牵引车投保车上货物责任险，故本案中××物流公司投保的车上货物责任险应为挂车。华安财保公司应当按照保险合同约定向原告进行赔偿。

关于施救费，原、被告均认可施救费用总计13592.23元，华安财保公司已支付的施救费用3000元应予以扣除，故华安财保公司应当向原告支付赔偿金10592.23元。关于原告主张的剩余车损费6200元，因未提交有效证据证明，故其该项诉讼请求不予支持。

四川省成都市锦江区人民法院依照《中华人民共和国合同法》第八条，《中华人民共和国保险法》第五条、第十四条之规定作出如下判决：

一、华安财保公司于本判决发生法律效力之日起十日内向××物流公司、朱某赔付车上货物损失费30000元、施救费10592.23元；

二、驳回××物流公司、朱某的其他诉讼请求。

二审法院同意一审法院裁判意见。

【法官后语】

随着近年来我国机动车保有量大幅增加，道路交通事故引发的保险纠纷案件日益增多。由于对保险条款的理解差异等原因，保险关系各方主体间关于是否理赔、如何理赔往往存在较大争议。本案中保险公司是否对挂车上货物损失承担保险责任是双方的主要争议焦点，法院在审理中认为保险公司应当承担赔偿责任，现从以下角度进行分析。

1. 保险公司承担赔偿责任符合普通人的合理期待

保险制度具有分摊损失和经济补偿的功能。××物流公司投保车上货物责任险的初衷是发生事故导致车上货物受损时能够通过保险理赔的方式减轻或填补己方遭受的损失，华安财保公司同意与其签订保险合同，××物流公司便获得事故发生后获得赔偿的合理期待。

作为普通投保人，××物流公司难以对具有一定专业性且内容繁杂的保险合同条款完全理解，但保险公司的承保行为使其有理由相信保险公司已完全知悉车辆使用情况，并据此作出决定承保的行为，其投保的车上货物责任险保险标的就是牵引车与挂车连接使用时发生交通事故所载货物损失。

事故发生后，华安财保公司以挂车未投保车上货物责任险为由拒赔，此时被保险人对保险合同的合理期待与保险人对保险合同文本的专业理解间出现差距。此种差距是由于保险公司未就保险条款履行充分的解释说明义务所致，如果投保人签订合同时知悉只有对挂车投保车上货物责任险才可能在事故发生后获得赔偿，按照普通人的理性选择，是不可能对牵引车投保车上货物责任险的。投保人的缔约能力与保险人存在较大差距，此种差距之不利益应由缔约能力较强的保险人承受。因此，法院在裁判时将投保人的投保真意与初衷作为重要参考，主动作出合理而恰当的解释，认定保险公司的抗辩不成立。

2. 保险公司承担赔偿责任符合保险法诚实信用原则

《中华人民共和国保险法》第五条规定，保险活动当事人行使权利、履行义务应当遵循诚实信用原则。诚实信用原则要求保险双方以最大诚信态度订立保险合同，如实告知重要情况。华安财保公司在承保前理应对车辆情况进行审查，对于牵引车与挂车连接使用，货物仅可能载于挂车上的情况理应知悉。其明知对牵引车投保车上货物责任险将导致投保人保险利益无法实现却不予说明直接承保，事故发生后又以此拒绝理赔，令投保人购买了一份毫无意义的商业保险，变相免除了自己的赔偿责任，违反了诚实信用原则。

对于保险合同这种“要么接受，要么离开”的附和性合同，保险公司应当尽到更大的诚实信用义务。在保险实务中，部分保险代理人为促成保险合同签订，对保险合同内容不加说明，导致投保人签订“陷阱条款”，损害投保人利益。此时法院要通过司法裁判对违反诚信义务的行为进行规制，实现合同的实质公平。

综上，为了规范保险行业，保护投保人的合理期待，此类案件中应当认定保险公司承担保险责任，以促使保险公司设置合理的保险险种，投保时对承包范围进行充分的说明，尽量避免因投保人认知偏差投保不恰当险种而引发纠纷。

编写人：四川省成都市锦江区人民法院　李媛媛

8

被保险人起诉侵权人要求赔偿后，能否向本人投保的保险公司主张赔付保险金

——尹某诉平安分公司财产保险合同案

【案件基本信息】

1. 裁判书字号

北京市大兴区人民法院（2019）京0115民初24601号民事判决书

2. 案由：财产保险合同纠纷

3. 当事人

原告：尹某

被告：平安分公司

【基本案情】

尹某通过电子投保的方式为A号车辆在平安分公司处购买了商业机动车损失保险（含不计免赔），保险期间为2018年7月31日至2019年7月30日，保险金额为106124元，被保险人为尹某。平安分公司提供的机动车综合商业保险条款中机动车损失保险一章第六条约定，保险期间内，被保险人或其允许的驾驶人在使用被保险机动车过程中，因“碰撞、倾覆、坠落”造成被保险机动车的直接损失，且不属于免除保险人责任的范围，保险人依照本保险合同的约定负责赔偿。

2018年10月19日，案外人柯某驾驶B号汽车，在大兴区中鼎北路与金服大街

交叉口与尹某驾驶的A号汽车相撞，经北京市公安局大兴分局交通支队旧宫中队认定，案外人柯某负全责。

事故发生后，尹某就事故造成的损失起诉案外人柯某，2019年5月31日，法院判决案外人柯某赔偿尹某车辆修理费58000元及交通费6000元。在庭审过程中，平安分公司未提出车辆修理项目和费用明显超出合理范围的具体意见和证据。该判决生效后，尹某申请强制执行，法院于2019年9月29日作出（2019）京0115执7261号执行裁定书，在车辆登记机关查封了被执行人柯某名下两台车辆，但因未实际扣押而无法进一步处置，致使尹某申请执行的全部金额未受清偿，故裁定终结该次执行程序。

【案件焦点】

法院生效判决已判定侵权人赔偿被保险人尹某事故损失后，就未实际获赔的损失被保险人能否再向其投保的保险公司主张权利。

【法院裁判要旨】

北京市大兴区人民法院经审理认为：尹某与平安分公司的保险合同是双方真实意思表示，没有违反法律、行政法规的强制性规定，合法有效，平安分公司应按保险合同约定履行保险金赔付义务。涉案事故发生在2018年10月19日，系在保险合同的有效期间，且生效判决已经确认车辆修理费58000元为此次事故的车辆损失，故法院对尹某诉求的车辆修理费58000元予以支持。对于原告尹某诉求的租车费6000元及案件受理费1450元，根据保险合同第六条之规定，被保险机动车的直接损失属于保险赔偿范围，保险人依据合同约定应当负责赔偿。但本案中尹某诉求的租车费和案件受理费不属于因交通事故发生的被保险机动车的直接损失，且尹某亦未举证证明租车费和案件受理费属于机动车损失保险的赔偿范围，故尹某要求平安分公司赔偿其租车费6000元及案件受理费1450元无合同依据，法院不予支持。

另外，根据《中华人民共和国保险法》第六十条和《最高人民法院关于适用〈中华人民共和国保险法〉若干问题的解释（二）》第十九条之规定，在原告尹某向案外人柯某依法申请强制执行却未获清偿的情况下，被告平安分公司应当在保险赔偿限额内承担理赔责任，即对车辆修理费58000元负有赔偿义务，但在理赔之后享有代位求偿权。据此，被告平安分公司提出拒赔车辆修理费的抗辩理由缺乏依据，法院不予支持。

北京市大兴区人民法院依据《中华人民共和国保险法》第二条、第六十条，《最高人民法院关于适用〈中华人民共和国保险法〉若干问题的解释（二）》第十九条第二款，《最高人民法院关于民事诉讼证据的若干规定》第二条之规定，判决如下：

一、平安分公司于本判决生效后十日内赔偿尹某车辆修理费58000元；

二、平安分公司在履行完上述第一项义务后可就北京市大兴区人民法院（2019）京0115民初5521号民事判决书中所确认的车辆修理费58000元行使代位求偿权；

三、驳回尹某的其他诉讼请求。

【法官后语】

交通事故发生后，通常会涉及被保险人与第三者之间的侵权责任关系、保险公司与被保险人之间的保险合同关系、保险公司与第三者之间的代位求偿关系。笔者认为，审理此类案件应考虑以下三个层次的问题：

1. 交通事故中无责方是否有权向其本人投保车辆损失险的保险公司主张赔付

根据《中华人民共和国保险法》（本案以下简称《保险法》）第六十条规定，因第三者对保险标的的损害而造成保险事故的，保险人自向被保险人赔偿保险金之日起，在赔偿金额范围内代位行使被保险人对第三者请求赔偿的权利。可见，该条款将第三者对保险标的造成损害的情况下保险人赔偿保险金确定为其法定义务，无论被保险人有无责任，保险公司原则上都应在投保限额内给予被保险人相应的赔付，且可基于其先行赔偿行为获得代位求偿权。需要重点审查的是该保险事故是否符合保险合同约定的赔付范围。在道路交通事故损害赔偿案件处理中，当事人和保险公司常常认为，责任方和责任方的保险公司应当先履行赔付义务，无责方的保险公司一般未被主张承担赔付义务。而根据目前通常的商业车辆保险签订情况，被保险人都投保了机动车损失险，该险种就是针对被保险人的车辆损失，针对该险种的通用保险条款没有将被保险人在事故中的责任范围作为赔付条件，故根据保险合同约定和《保险法》第六十条的规定，无责方都可以要求其投保车辆损失险的保险公司履行赔付义务。然而，无责赔付也有例外情形。财产保险的基本目的在于损失补偿，而车辆损失险作为财产保险的一种，同样具有损失补偿之属性，这意味着被保险人不能超出损失获得额外利益，因此在被保险人已从侵权人处获得足额赔偿或其车辆实际损失本身无法确定的情形下保险公司不适用无责赔付。

2. 被保险人从第三者处应获得的损失赔偿经生效裁判确定后，是否意味着其对保险公司的请求权便已消灭

笔者对此持否定意见。根据《保险法》及相关司法解释，因第三者造成被保险人车辆受损的情况下，被保险人可获得双重请求权，其既可以依据侵权关系要求侵权人承担赔偿责任，也可以依据保险合同关系要求保险公司承担合同责任。实务中，交通事故发生后被保险人可能会通过与第三者和解或者提起侵权诉讼等方式向第三者主张权利，双方的和解协议或法院的生效判决书中均会确认第三者应当予以赔偿的金额，但此种确认并不意味着保险金给付请求权的消灭。根据财产保险合同的损失补偿原则，保险赔付的前提是被保险人的损失是否得到实际弥补，而非其应受偿的金额范围是否被确认或者被允诺。因此，前项权利的确认并不当然消灭后项权利的行使，本案仍判决保险公司向原告履行赔付义务。

3. 被保险人向第三人主张赔偿的案件已进入执行程序，保险公司赔付被保险人损失后取得的代位求偿权如何实现与执行程序的衔接

根据《最高人民法院关于适用〈中华人民共和国保险法〉若干问题的解释（二）》第十九条规定，财产保险事故发生后，被保险人就其所受损失从第三者取得赔偿后的不足部分提起诉讼，请求保险人赔偿的，人民法院应予依法受理。可见，被保险人的双重请求权行使无前后顺序限制，其就未获赔偿部分再向自己的保险公司主张赔付的，保险公司原则上应在保险限额内，就被保险人从侵权人获得赔偿的不足部分进行理赔。此外，本案中尹某与第三者的侵权之诉已进入强制执行阶段，就保险公司赔付之后代位求偿权进入执行程序的问题，实务存在两种意见。一种意见认为保险公司的代位求偿权需经诉讼实现，另一种意见认为保险公司可直接申请将其变更为申请执行人，从而继续执行被执行人的财产。笔者认为，基于便利当事人权利实现和节约司法资源的考虑，应在财产保险合同纠纷的判决中写入保险公司的代位求偿权，以此种形式确认代位求偿权后保险公司即可依据判决书就其赔付范围直接申请变更申请执行人。当然，还涉及该执行案件金额与本案赔付金额是否一致等问题，需要区分情况处理，既要保证事故损失方及时得到赔偿，也要避免赔付范围符合超过实际损失，依法保护无责方保险公司的代位求偿权。

编写人：北京市大兴区人民法院　赵芳芳　倘钰莹

9

“受益人”是否具有独立的保险金给付请求权

——尹某诉太平洋财保云阳支公司财产保险合同案

【案件基本信息】

1. 裁判书字号

重庆市第二中级人民法院（2019）渝02民终3002号民事判决书

2. 案由：财产保险合同纠纷

3. 当事人

原告（被上诉人）：尹某

被告（上诉人）：太平洋财保云阳支公司

第三人：张某

【基本案情】

2015年，第三人张某为其所有的小型客车在太平洋财保云阳支公司投保了机动车损失险等商业保险，保险单“第一受益人”处填写为尹某。2016年，案外人于某驾驶被保险车辆在保险期间内发生交通事故，造成车辆受损。车辆维修后，第三人张某向太平洋财保云阳支公司提出索赔申请，并提交了包括汽车维修发票在内的索赔材料，后太平洋财保云阳支公司向张某支付保险金136000元。尹某知晓此事后，找到太平洋财保云阳支公司，以保险合同“第一受益人”身份要求太平洋财保云阳支公司向其支付车损保险金136000元。太平洋财保云阳支公司遂发现其已将保险金赔付第三人张某，故于2017年以保险金应当赔付给受益人尹某为由对第三人张某提起诉讼，请求法院确认太平洋财保云阳支公司、张某指定尹某作为保险合同受益人的约定有效，并要求第三人张某将保险金136000元退还尹某。该案经一、二审法院审理，以太平洋财保云阳支公司证据不足及其已实际赔付完毕为由，驳回了太平洋财保云阳支公司的诉讼请求。尹某不服，遂于2018年向人民法院起诉，以赔付对象错误为由要求太平洋财保云阳支公司支付其车损保险金 136000 元及相应利息。

【案件焦点】

尹某作为财产保险合同“受益人”是否具有案涉车损保险金的给付请求权。

【法院裁判要旨】

重庆市云阳县人民法院经审理认为：依法成立的合同对合同相对方均有约束力，双方应当按约定享受权利和承担义务。张某为其所有的小型客车投保时指定尹某为第一受益人，且保险单上亦载明尹某为第一受益人，其内容不损害国家、集体、社会公共利益和他人利益，该约定有效。保险事故发生后，太平洋财保云阳支公司应当按约定向尹某支付保险金。

重庆市云阳县人民法院依照《中华人民共和国保险法》第十二条、第十三条、第十四条，《最高人民法院关于适用〈中华人民共和国保险法〉若干问题的解释（二）》第十四条，《中华人民共和国合同法》第六十条之规定，作出如下判决：

一、太平洋财保云阳支公司于判决生效后十日内支付尹某保险金 136000 元，并从 2016 年 6 月 13 日起以 136000 元为基数按中国人民银行公布的同期同类贷款利率支付利息至保险金付清之日止；

二、驳回尹某其他诉讼请求。

太平洋财保云阳支公司不服一审判决，提起上诉。重庆市第二中级人民法院经审理认为：因受益人是人身保险合同中的特有概念，故在财产保险合同中约定的受益人不是保险法意义上的受益人，尹某主张自己系本案财产保险受益人，其享有的权利基础应理解为被保险人张某向其转让保险金的请求权。在纠纷过程中，被保险人张某并未认可其将保险金请求权转让给尹某，对此已有生效法律文书予以确认，而尹某并无相反证据予以推翻，应承担举证不能的不利后果。故尹某以“受益人”的身份主张太平洋财保云阳支公司支付保险金，无事实依据，其请求不应得到支持。

重庆市第二中级人民法院依照《中华人民共和国民事诉讼法》第一百七十条第一款第二项之规定，作出如下判决：

一、撤销重庆市云阳县人民法院（2019）渝 0235 民初 3559 号民事判决；

二、驳回尹某的诉讼请求。

【法官后语】

本案的主要分歧表现为对财产保险合同"受益人"概念内涵及其权利基础理解的不同。

从财产保险合同中"受益人"的概念内涵来看，受益人是人身保险合同中的特有概念，我国保险法第十八条第三款在界定"受益人"概念时，明确将范围表述为"人身保险合同"，并未对财产保险合同进行规制。被保险人指定第三人为受益人的人身保险合同作为典型的赋权型利他合同，受益人被赋予当然的保险金给付请求权系基于必要的合同利益，其本身也是对合同相对性原则的突破，具有特殊性。反观财产保险合同，其保险标的并非与被保险人不可分割，合同特征与人身保险合同显著不同。本案尹某虽是车辆投保单上载明的"受益人"，但直接套用保险法意义上的"受益人"对其理解明显不当，在被保险人张某明确向尹某让与本案保险金请求权前，张某仍系保险合同的相对方之一，尹某不能仅因登记为"受益人"就当然获得保险金的给付请求权。

从财产保险合同"受益人"享有的权利基础来看，被保险人将"受益人"权利约定由第三人行使，本质上仍是一种债权让与的行为，在明确转移之前，保险金请求权实际上仍应由被保险人享有并支配。本案车辆投保单中虽"第一受益人"处填写了尹某的名字，但概念内涵并不明确，且在诉讼过程中，张某始终否认其已将保险金请求权让与给了尹某，尹某也未能提供充分证据进行反证。基于保险公司已按照保险合同约定向被保险人张某实际履行了保险责任，故二审法院依法撤销了一审判决并驳回了尹某的诉讼请求。

在我们的社会生活中，受益人制度被大量嫁接到财产保险合同中，除本案外，典型的还如贷款车辆保险合同中银行明确要求列为保险"受益人"等，而我国目前对财产保险合同"受益人"进行规制的相关法律法规尚处于探索阶段，如何进一步保护财产保险合同各方、包括"受益人"的合法权益，避免产生不必要的分歧，值得更广泛而深入地探究。

编写人：重庆市云阳县人民法院　高峰

重庆市第二中级人民法院　陈冉

10

车辆贬值损失是否属于保险赔偿范围

——贾某诉大地公司保险合同案

【案件基本信息】

1. 裁判书字号

北京市大兴区人民法院（2019）京0115民初7690号民事判决书

2. 案由：保险合同纠纷

3. 当事人

原告：贾某

被告：大地公司

【基本案情】

贾某于2017年4月26日在大地公司为车辆投保家庭自用汽车损失保险、第三者责任保险、不计免赔特约险等。在保险期间内，贾某驾驶该车辆与案外人王某合驾驶的车辆发生交通事故，致使王某合车辆受损。事故发生后，经北京市公安局大兴分局交通支队认定，贾某负事故全部责任。

王某合提起诉讼，要求贾某及大地公司支付交通费、车辆贬值损失及鉴定费。2018年12月，北京市大兴区人民法院作出（2018）京0115民初17908号民事判决书，在该判决书“法院认为”部分载明“车牌号为×××的小客车在大地公司投保了交强险及商业三者险，故对王某合的损失，应先由大地公司在交强险责任限额内承担赔偿责任，不足部分，大地公司在商业三者险限额内承担赔偿责任，对保险责任范围之外的损失，由贾某承担赔偿责任”“对于车辆贬值损失，其属于间接损失，且根据大地公司商业险条款第二十六条，修理后因价值降低引起的减值损失，商业险不承担赔偿责任。根据以上两点，对于贬值损失，商业三者险不承担赔偿责任。对于鉴定机构评估的28137元，贾某未在法院指定的异议期内对鉴定结论提出异议，对其在庭审中抗辩鉴定费用过高的意见，法院不予采信”。判决由大地公司在机动车交通事故商业保险限额内赔偿王某合交通费963元，由贾某赔偿王某合车辆贬值损失28137元，鉴定费10000元由贾某负担。判决后，贾某未上诉，该判决书目前已发生法律效力。

后贾某向北京市大兴区人民法院提起诉讼，请求判令大地公司支付贾某与王某合机动车交通事故中王某合的车辆贬值损失28137元及鉴定费10000元。

大地公司不同意贾某的全部诉讼请求，主张车辆贬值损失不属于保险赔偿范围，在王某合交通事故判决中已经认定大地公司无需承担保险责任。

【案件焦点】

车辆贬值损失是否属于保险赔偿范围，大地公司应否赔偿车辆贬值损失。

【法院裁判要旨】

北京市大兴区人民法院经审理认为：生效民事判决具有既判力。（2018）京0115民初17908号民事判决书已经在商业三者险的范围内对车辆贬值损失和鉴定费的负担作出了处理，并且认定“对于车辆贬值损失，其属于间接损失，且根据大地财险公司商业险条款第二十六条，修理后因价值降低引起的减值损失，商业险不承担赔偿责任。根据以上两点，对于贬值损失，商业三者险不承担赔偿责任”，现贾某起诉要求大地公司承担车辆贬值损失28137元及车辆贬值损失鉴定产生的鉴定费10000元，无法律依据，法院不予支持。

北京市大兴区人民法院依据《中华人民共和国保险法》第六十五条、《中华人民共和国民事诉讼法》第一百五十五条之规定，判决如下：

驳回贾某的全部诉讼请求。

【法官后语】

1. 关于车辆贬值损失是否属于可赔偿损失范围

一种观点认为，根据损害赔偿的基本原则填平损失，交通事故会造成不同程度的车辆贬值损失，应当由侵权方填平其给被侵权人造成的损失；另一种观点认为，考虑到社会经济发展情况，目前尚不具备完全支持贬值损失的客观条件，原则上不支持车辆贬值损失赔偿。《最高人民法院关于审理道路交通事故损害赔偿案件适用法律若干问题的解释》第十二条规定了因道路交通事故造成财产损失予以赔偿的范围，车辆贬值损失并不在该范围内，同时2016年3月4日，最高人民法院在关于交通事故车辆贬值损失赔偿问题的建议中答复："目前，我们对该项损失的赔偿持谨慎态度，倾向于原则上不予支持。当然，在少数特殊、极端情形下，也可以考虑予以适当赔偿，但必须慎重考量，严格把握。"由此可见，目前车辆贬值损失原则上不予支持，只有在满足少数特定条件的时候才能适当赔偿。

2. 审理车辆贬值损失考虑因素

结合各地法院已有判决，对于车辆贬值损失应当考虑以下因素：（1）交通事故对车辆造成的损害程度。综合考虑受损的部位和程度、是否具有可更换性等，一般轻微的损害可以通过更换部件进行修复，也不会造成车辆价值的大幅降低，只有交通事故对车辆实体造成重大损害时，才存在车辆贬值的赔偿可能；（2）车辆年限和行驶里程。年限和里程对车辆价值的影响较大，一般只有年限较短、行驶里程较少的车辆发生重大损害的时候才存在赔偿车辆贬值的可能；（3）修理费用与重置费用的比例。在考虑交通事故是否对车辆实体造成重大损害的时候，修理费用与重置费用的比例能够客观地反映出车辆受损的程度，一般修理费占重置费用较大比例的时候，存在赔偿贬值的可能，而轻微的修理费例如占比不足10%，一般不具有赔偿贬值的可能。结合以上参考因素，交通事故对车辆价值造成重大影响的时候，综合案件具体情况，对于车辆贬值损失，可以考虑予以适当赔偿。例如，在张某诉某大地公司、王某机动车交通事故责任纠纷一案①中，法院认为事发时车辆购置时间及行驶里程较短，且车辆受损较重，故其主张车辆贬值损失，予以支持，但考虑车辆受损部位已进行换新修复处理，结合评估结论，酌情支持其车辆贬值损失。

3. 车辆贬值损失是否属于保险赔偿范围

如果车辆贬值损失综合案件事实及交通事故对车辆造成的损害程度等因素认可属于可赔偿的范围，那么接下来需要考虑的是车辆贬值损失能否请求保险赔偿。大地公司关于贬值损失不承担赔偿责任的规定属于免责条款，根据《中华人民共和国保险法》第十七条、《最高人民法院关于适用〈中华人民共和国保险法〉若干问题的解释（二）》第十一条，保险人应当对是否交付保险条款以及是否履行对该免责

---

① （2018）京0105民初89575号。

条款的提示、明确说明义务承担举证责任。如果保险人已经履行以上提示、说明义务，那么车辆贬值损失不属于保险赔偿范围，无权请求大地公司承担赔偿责任。

编写人：北京市大兴区人民法院 邵慧

11

车辆发动机涉水险的责任认定

——宋某诉人民财险商丘分公司财产保险合同案

【案件基本信息】

1. 裁判书字号

河南省高级人民法院（2019）豫民再900号民事判决书

2. 案由：财产保险合同纠纷

3. 当事人

原告（被上诉人、再审申请人）：宋某

被告（上诉人、再审被申请人）：人民财险商丘分公司

【基本案情】

2018年8月18日14时25分，宋某驾驶A号车行驶至商丘市平原路钢材市场时，因暴雨导致路面积水，车辆被水淹，发动机严重损坏。宋某及时报案，人民财险商丘分公司于同日进行出险和查勘，认定为水淹车，提醒宋某不要二次启动车辆。2018年7月21日，经法院委托，中衡保险公估股份有限公司作出案涉车辆评估报告，认定车辆发动机损失价值为255900元，宋某支出评估费3500元。事故发生时，宋某驾、行证合法有效。诉讼前，双方与修理厂三方之间曾达成包修协议，但因修复费问题协议未能实际履行。A号车辆在人民财险商丘分公司处投保车辆损失险475844元，含不计免赔，事故发生在保险期间。人民财险商丘分公司提交的机动车综合商业保险条款第六条保险责任第（四）项载明，雷击、暴风、暴雨、洪水等原因造成被保险机动车车辆的直接损失，且不属于免除保险人责任的范围，保

险人依照本保险合同的约定负责赔偿；责任免除第十条第（八）项约定，发动机进水后导致的发动机损坏。案涉 A 号车辆未投保发动机涉水损失险。

【案件焦点】

宋某驾驶车辆行至积水路面导致发动机进水造成损失，人民财险商丘分公司应否承担赔偿责任。

【法院裁判要旨】

河南省商丘市梁园区人民法院经审理认为：机动车综合商业保险条款第六条保险责任第（四）项载明，雷击、暴风、暴雨、洪水等原因造成被保险机动车车辆的直接损失，且不属于免除保险人责任的范围，保险人依照本保险合同的约定负责赔偿；责任免除第十条第（八）项约定，发动机进水后导致的发动机损坏。《中华人民共和国保险法》第三十条规定，采用保险人提供的格式条款订立的保险合同，保险人与投保人、被保险人或者受益人对合同条款有争议的，应当按照通常理解予以解释。本案人民财险商丘分公司提交的保险条款出现两种对双方相反和截然不同的解释，依据保险法第三十条规定，理应作出对保险人不利的解释。

河南省商丘市梁园区人民法院依照《中华人民共和国合同法》第六十条，《中华人民共和国保险法》第十四条、第三十条、第六十四条、第六十五条、第六十六条之规定，作出如下判决：

一、人民财险商丘分公司于判决生效之日起十日内在 A 号车辆损失保险限额内给付宋某车损及评估费 259400 元；

二、驳回宋某其他诉讼请求。

人民财险商丘分公司不服一审判决，提起上诉。河南省商丘市中级人民法院经审理认为：宋某驾驶的案涉车辆未投保发动机涉水损失险。发动机涉水损失险属于附加险，其保险条款显示保险责任是"保险期间内，投保了本附加险的被保险机动车在使用过程中，因发动机进水后导致的发动机的直接损毁，保险人负责赔偿"。本案车辆损失险保险条款第十条第（八）项约定，发动机进水后导致的发动机损坏，属于免除保险人保险责任的情形。一审中，人民财险商丘分公司亦提交了宋某签名的投保单和保险条款。宋某知晓发动机进水后导致的发动机损坏属于保险人免责情形，又未投保发动机涉水损失险，一审判决人民财险商丘分公司对涉案车辆的损失及评估费承担给付责任不当。

河南省商丘市中级人民法院依照《中华人民共和国民事诉讼法》第一百七十条第一款第二项之规定，作出如下判决：

一、撤销一审法院（2018）豫1402民初10989号民事判决；

二、驳回宋某的诉讼请求。

再审法院同意二审法院裁判意见。

【法官后语】

从本案当事人的诉辩主张来看，值得分析与研究的问题主要有两个：

1. 双方争议的保险条款是否存在两种以上解释，能否适用保险法第三十条规定的不利解释规则

保险法第三十条确立不利解释规则是保险法规定的特殊规则，法律明确规定作出不利解释是有前提条件的，是受到限制的。当事人对合同条款有争议不等于就存在两种以上的解释，出现争议时首先应当按照通常理解予以解释。结合本案保险合同整体条款之内容，保险合同中的责任条款与免责条款在本质上共同构成了保险公司承担保险责任的范围，应当说“暴雨条款”是积极条款，明确了车损险的承保风险，而“发动机进水免责条款”属于否定条款，规定了主险中车辆损失险的除外责任。从保险合同字面理解与整体理解的角度看，对当事人争议的车辆损失险条款，通常理解只能作出一种解释即“因暴雨造成车辆除发动机进水损失以外的其他损失为车损险承保范围”，发动机涉水险是保险合同中已经明确的一种独立附加险种。因此，本案不宜完全脱离保险合同的整体条款，特别是忽略主险与附加险的关系而简单适用“不利解释规则”，作出对保险公司不利的解释。否则，其后果将造成保险行业中普遍存在的附加险条款形同虚设。一审法院采用“不利解释规则”判决保险公司承担赔偿责任明显不当。

2. 车辆发动机损坏的近因能否认定为暴雨

近因原则，一般是指保险人对于承保范围的保险事故作为直接的、最近的原因所引起的损失，承担保险责任，而对于承保范围以外的原因造成的损失，不负赔偿责任。按照该原则，承担保险责任并不取决于时间上的接近，而是取决于导致保险损失的保险事故是否在承保范围内，如果存在多个原因导致保险损失，其中起决定

性的、最有效的以及不可避免会产生保险事故作用的原因是近因。本案中，从保险合同字面分析，暴雨条款和发动机进水免责条款似乎存在矛盾之处，但其实质并不矛盾。因为“暴雨”和“遭水淹、涉水行驶”属于不同事件，两者同时出现时，应判断何种事件是造成损失的决定性原因。若车辆在行驶途中突遇暴雨，强降水大大超出积水除涝能力，只能涉水行驶，最终导致发动机进水，则暴雨是涉水行驶的直接原因，涉水行驶是暴雨之下的必然选择，可以认定暴雨是事故的近因，属于保险事故，保险公司应当赔偿。若车辆行驶在暴雨过后的积水路面，由于驾驶员的不当操作导致车辆发动机进水，在保险公司对发动机进水免责条款尽到提示说明义务情况下保险公司有权拒绝赔偿。从本案的事实来看造成宋某驾驶的车辆发动机进水存在多因一果的情形，包括暴雨过后形成的路面积水与宋某主观判断失误操作不当两个方面原因，但起决定性作用的是宋某判断失误操作不当将车辆驶入有积水的路面。虽然不是人为故意，但存在重大过失，客观上不应当认定为不可避免的情形。

综上，审判实践中，在保险车辆仅投保车辆损失险未投保发动涉水损失险的情况下，如果保险公司对保险合同免责条款已经尽到了提示说明义务，保险车辆行驶至暴雨过后形成的路面积水时，导致发动机进水造成损失，保险公司有权拒绝赔偿。

编写人：河南省高级人民法院　卞亚峰

12

车损金额与实际维修金额间税率差的认定

——王某诉太保公司财产保险合同案

【案件基本信息】

1. 裁判书字号

江苏省泰州市中级人民法院（2019）苏12民终1918号民事判决书

2. 案由：财产保险合同纠纷

3. 当事人

原告（被上诉人）：王某

被告（上诉人）：太保公司

【基本案情】

2017年8月11日，王某为其所有的A号小型轿车在太保公司处投保了机动车损失险（含不计免赔）等险种，保险期间为2017年8月11日至2018年8月11日，机动车损失险的保险金额为442600元。2018年8月3日17时30分左右，宋某驾驶A号小型轿车与贾某驾驶的轻型半挂牵引车发生碰撞，双方车辆受损。经交警部门认定，宋某负事故全部责任、贾某无责任。王某向泰州市保险纠纷第三方调解工作室申请对A号小型轿车损失进行评估，该工作室委托阳光公估公司泰州分公司（以下简称公估公司）评估，该公司于2018年9月20日作出评估意见：车辆损失金额为311200元，其中材料费合计294200元、工时费合计17000元。王某支付评估费15560元。新鑫隆汽修厂对A号小型轿车进行维修，并开具税率为3%、价税合计为311200元的江苏增值税普通发票4份。车辆修理后，王某已自行处置并更换配件。

案件审理过程中，法院向公估公司就维修配件价格、维修资质等进行了咨询，公估公司书面回函称：评估报告评估标的车辆材料价格系采取标的品牌原装正厂配件价格为标准进行核定（即标的品牌4S店或特约维修站报价），工时标准是按照江苏交通运输协会汽车维修行业分会指定的《江苏省机动车维修结算工时定额与收费指南》（2014版）、工时费是按江苏省内汽车维修资质二类修理厂标准进行评定的，金额是含税价，配件和工时的税率应为16%，修理费的税率根据实际修理厂的情况不同而有差异，如果实际修理厂是非小规模纳税人，则税率为16%。后王某申请对更换配件的残值及新鑫隆汽修厂维修车辆工时进行评估，公估公司于2019年4月15日出具公估报告，评估意见为：1. 更换配件建议残值974元；2. 根据三类汽车维修资质，评估维修工时费所需12600元。王某支付评估费2000元。

【案件焦点】

案涉车辆损失金额如何认定。

【法院裁判要旨】

江苏省泰州市海陵区人民法院经审理认为：公估公司作为专业的第三方评估机构，其与案涉争议无利害关系，出具的公估报告具有公正性、客观性，可作为认定本案事实的依据。关于税率差问题，开具何种发票涉及纳税人身份问题，而非逃税，也未因修理厂不具备一般纳税人身份而降低原告修理费的支出，对该点抗辩意见不予采纳。

江苏省泰州市海陵区人民法院依照《中华人民共和国保险法》第二十三条、第六十四条之规定，判决如下：

一、太保公司于判决生效后十日内给付王某保险理赔款305826元；

二、驳回王某的其他诉讼请求。

太保公司不服一审判决，提起上诉。江苏省泰州市中级人民法院经审理认为：财产保险合同是一种填补损失的合同，财产保险合同以财产及与财产有关的利益作为保险的标的，由此决定了财产保险合同以补偿被保险人的实际财产损失为其唯一目的，这就是财产保险合同的损害填补原则。开具何种发票涉及纳税人身份问题，但保险合同必须以实际财产损失填补为原则。本案公估报告中计算的配件材料费均是按照江苏省内的标的品牌汽配原厂价格或标的授权维修站报价为基础进行计算的，扣除16%税额后的价格只有247128元，这一价格是核定案涉车辆配件材料费的基础和标准，现王某提供的发票和维修清单核定后，配件材料费扣除3%税额后的价格却高达285374元，对于这明显多出的配件材料金额，王某无法提供相应证据予以证明，故从填补实际损失的角度出发，本案中配件材料费只能按照公估报告中核定的247128元再加上新鑫隆汽车修理厂应收取的税额7413.84元（247128×3%）计算。

江苏省泰州市中级人民法院依照《中华人民共和国民事诉讼法》第一百七十条第一款第二项规定，判决如下：

一、维持泰州市海陵区人民法院（2018）苏1202民初5812号民事判决第二项；

二、变更上述民事判决主文第一项为：太保公司于本判决生效后十日内给付王某保险理赔款266167.84元。

【法官后语】

财产保险合同是一种填补损失的合同，财产保险合同以财产及与财产有关的利益作为保险的标的，由此决定了财产保险合同以补偿被保险人的实际财产损失为其唯一目的，这就是财产保险合同的损害填补原则。

本案是一起财产保险合同纠纷，主要争议在于评估车损金额与实际维修金额二者间税率差的认定，对此有两种不同意见。一种意见认为，应当以投保人提交的实际维修发票上载明的金额直接予以认定，不应区分评估报告认定的车损金额税率与实际开具维修发票中的纳税税率，因为开具何种发票涉及纳税人身份问题，而非逃税，且投保人也未因修理厂不具备一般纳税人身份而降低修理费支出。另一种意见认为，评估报告中认定的车损金额是含税价格，因纳税人身份不同而税率不同时，应以评估报告中认定的扣除税额后的车辆损失金额为基础，在不同税率基础上计算出投保人的实际损失，不能让投保人或维修厂从财产保险中获取额外的利益。上述争论的观点实质是保险法中损害填补原则的理解与适用。

在财产保险合同中，当事人提供的维修发票载明的金额并不能当然直接认定为保险车辆的实际损失金额，要结合具体案件具体分析。本案中，评估机构出具的评估报告中认定的车辆损失价格是含税价格，税率为16%，而在案涉车辆实际维修中，因涉及不同维修厂的纳税人身份，实际车辆损失价格的税率为3%。评估报告作为本案认定车辆实际损失的重要证据，当与实际维修发票中的损失价格出现税率差时，并不能直接以维修发票载明的金额为车辆实际损失。

以保险法损害填补原则为裁判指引，以评估报告中的车辆损失价格为基础，在扣除评估报告载明的税率后计算出不包含税价的车辆损失金额，这一车辆损失金额是评估机构依据需更换的汽车配件品牌原装正厂配件价格为标准进行核定计算的，是目前市场上被行业认可的配件价格。在此基础上，被保险人在税率改变为3%的基础上还能开具出与评估报告中核定的车辆损失金额一致的发票，其必须就实际更换的配件清单、价格进行举证，证明其实际更换的配件价格高于评估报告认定的配件价格，当其不能举证时，法院只能依据评估报告认定的扣除税率的车辆损失金额为基础，在实际维修厂缴纳的税率基础上计算出投保人的车辆实际损失。

司法实务中不能仅仅依靠评估报告与维修发票来认定车辆实际损失金额，必须综合考量维修更换配件清单、损失金额税率等证据。本案裁判思路在认定案涉证据时既没有单纯以维修发票金额与评估车损金额一致就直接认定案涉车辆损失金额，也没有采纳因纳税人身份涉及的不同税率而直接回避税率差这一细节问题，而是从保险法损害填补原则出发，时刻把握住案涉车辆实际损失这一线索，在保障被保险人损失得到补偿的同时，有效防范了可能获得的超额补偿。

编写人：江苏省泰州市中级人民法院　邢晔源

13

车损险保险金请求权转让效力及效力范围

——中泰公司诉安邦公司保险合同案

【案件基本信息】

1. 裁判书字号

江苏省盐城市中级人民法院（2019）苏09民终4410号民事判决书

2. 案由：保险合同纠纷

3. 当事人

原告（上诉人）：中泰公司

被告（上诉人）：安邦公司

【基本案情】

2018年10月4日，陈某驾驶A号小型轿车（车主杜某），沿射阳县合德镇詈塘五中沟金水湾浴室门口由北向南行驶与由西向东行驶戴某驾驶的B号小型轿车发生碰撞，致两车损坏。公安部门认定陈某负全部责任，戴某无责任。陈某驾驶的A号小型轿车在安邦公司投保了车辆损失险，责任限额为71764元。事故发生后，杜某与中泰公司签订合同，对修理产生的维修费用直接由中泰公司向保险公司索赔，并通知安邦公司。安邦公司对事故车辆勘验后认定损失为18000元并通知当事人，但未被接受。后中泰公司提起诉讼，要求安邦公司赔偿中泰公司汽车修理费57001元。

【案件焦点】

杜某将车损险保险金请求权转让给中泰公司的效力及效力范围如何认定。

【法院裁判要旨】

江苏省射阳县人民法院经审理认为：杜某与中泰公司签订合同，约定车辆维修费用直接由中泰公司向保险公司索赔，并通知安邦公司。该合同是保险金请求权转让合同。根据民法的基本原理，该约定应以保险金请求权存在为前提条件。车辆因事故产生损失，受益人持有与保险公司签订的保险合同，但并非一定能获得赔偿。因此，在保险公司审查确认或者经其他法律规定的程序确认赔偿之前，并不能认定受益人已经享有保险金请求权。在此情况下，受益人与他人签订的保险金请求权转让合同并不当然生效，而是在保险金请求权得到确认时才生效。保险公司对车损进行勘查并定损为18000元，并通知当事人，确认了受益人的保险金请求权，此时转让合同生效。但因受益人享有的可转让的保险金请求权为18000元，受让人只能按18000元主张权利。

江苏省射阳县人民法院依照《中华人民共和国合同法》第七十九条、《最高人民法院关于适用〈中华人民共和国保险法〉若干问题的解释（三）》第十三条规定，判决如下：

一、安邦公司支付中泰公司理赔款18000元，此款于本判决生效后十日内履行完毕；

二、驳回中泰公司的其他诉讼请求。

安邦公司、中泰公司均不服一审判决，提起上诉。江苏省盐城市中级人民法院经审理认为：本案中保险合同双方并未就保险赔偿金额达成一致，赔偿金额尚不确定，且在双方仍存在争议的情况下，即对车辆进行维修，致车辆损失难以查清，故一审对安邦财保公司已确认的损失金额予以判决，并无不当。

江苏省盐城市中级人民法院依照《中华人民共和国民事诉讼法》第一百七十条第一款第一项之规定，判决如下：

驳回上诉，维持原判。

【法官后语】

鉴于司法评估的损失价格颇高、裁判结果完全依评估结论的现象在车损险纠纷案件中普遍存在，汽修厂等非保险合同相对人嗅到了“商机”。近年来，汽修厂、专业索赔机构以受让保险金请求权为由，以逐利为目的，强行介入保险人与被保险人的保险合同纠纷，破坏了保险市场的正常理赔秩序，同时也使得车损险索赔案件量进一步增加，审理难度进一步加大。本案即汽修厂介入车损险纠纷的典型。该案的裁判以维护保险市场理赔秩序为价值导向，重点解决了车损险中保险金请求权的转让效力以及受让人的权利范围。

保险事故发生后，保险金请求权可以转让，但该转让生效的时间点应是保险人赔付的保险金额确定之时，而非保险事故发生时。一方面，保险金请求权具有财产属性。保险事故发生后，保险合同签订时保险人是否承担保险责任的不确定性已被固定，保险人与被保险人将就保险金赔偿的具体数额进行协商，至此，保险金请求权已是纯粹的财产权利。另一方面，该请求权的转让并未违背现有法律规定。《中华人民共和国民法典》第五百四十五条确立了债权自由让与的原则，同时对不得让与的债权类型作出例外规定，即根据债权性质不得转让、按照当事人约定不得转让、依照法律规定不得转让，而车损险中的保险金请求权不在其列。同时，对于具有人身属性的保险金请求权，在保险事故发生后的转让，法律亦持肯定态度，那么在财产保险中，已转化为纯粹财产利益的保险金请求权似乎也无禁止之必要。

本案中，虽然杜某可以在事故发生后将保险金请求权转让给中泰公司，但并不意味着该转让的效果一经双方意思表示达成一致即产生。不同于债权产生即能确定债权金额的一般债权，保险金请求权的债权数额以被保险人的实际损失为限，该损失的确定需要经过保险人定损、被保险人接受，故在保险事故发生后，赔付保险金额确定前，保险金请求权让与合同成立，待保险金额确定时方能产生债权让与的效果。本案中受让人中泰公司可在安邦公司已经定损，即其已经认可的赔付金额范围内主张权利。

保险制度的设立旨在共同体中分担个体在将来可能发生的危险之损失，是人类有史以来用以弥补各种损失所创设最完善之制度，也正是此种不确定性及偶然性，极易引发道德风险，为不当获益提供了空间。故在保险纠纷的司法审判中，应当注重尊重当事人权利处分自由与规制保险市场制度的平衡。本案的审理坚持在维护保险市场正常秩序，发挥保险制度价值的前提下，不因解决少数人在保险赔付中获取不当得利的潜在问题，而过多干预保险合同当事人对其权利的自由处分，在不违背保险法基本原则、民法一般规定的情况，对保险金请求权的转让应持开放态度，一方面维持合同债权的处分自由，另一方面也减少了传统保险领域审判中，一有争议即鉴定的审理思路，从侧面遏制了汽修厂、专业索赔公司欲从财产保险理赔中获取不当得利的恶意。

编写人：江苏省射阳县人民法院　戴志成　陈景睿

14

非营运车辆拼车行为性质的认定及案涉车辆待定损期间停车费的赔付问题

——陈某诉阳光保险涪陵支公司财产保险合同案

【案件基本信息】

1. 裁判书字号

重庆市黔江区人民法院（2019）渝0114民初2889号民事判决书

2. 案由：财产保险合同纠纷

3. 当事人

原告：陈某

被告：阳光保险涪陵支公司

【基本案情】

2017年1月13日19时50分，陈某驾驶自己所有的轿车在包茂高速上与案外人张某驾驶的轿车发生追尾，造成了两车受损的交通事故。经重庆市交通行政执法总队认定，陈某负事故全部责任。陈某驾驶的前述车辆在阳光保险涪陵支公司投有机动车损失保险（不计免赔、非营运保险），保险金额为108800元，保险期间为2016年8月11日至2017年8月10日，事故发生时在保险期内。事故发生后，阳光保险涪陵支公司派人去现场勘察，但未定损，陈某将案涉肇事车辆运回等待修理，直至2018年春节，陈某向阳光保险涪陵支公司要求修理案涉车辆，阳光保险涪陵支公司明确告知陈某不予理赔。陈某主张阳光保险涪陵支公司向其赔偿修理广汽菲亚特牌轿车花费的55920元。陈某在事故发生时，顺路搭载了两人，并约定到达目的地后分别收取两人120元的拼车费。阳光保险涪陵支公司以陈某的拼车行为系非法营运行为为由拒赔。2019年1月4日，陈某自行组织修理案涉车辆，花去修车费用44970元，车辆待定损期间产生的停车管理费10950元（从2017年1月4日起至2019年1月3日止共计停车730天，每天15元），共计55920元。

【案件焦点】

1. 阳光保险涪陵支公司是否能以非营运车辆的拼车行为为由拒赔；2. 受损车辆待定损期间停车费的赔付问题。

【法院裁判要旨】

重庆市黔江区人民法院经审理认为：非法营运是指没有依法取得营运权而实施了营运行为，即未按规定领取有关主管部门核发的营运证件和超越核定范围进行经营。投保人虽顺路搭载了两人，但未超载，不会导致车辆的危险程度显著增加，故顺路搭载两人的拼车行为不属于法律所禁止的非法营运行为，阳光保险涪陵支公司以陈某的拼车行为是非法营运行为从而免责的抗辩不能成立。

对陈某所有的案涉车辆在待定损期间产生的停车费问题，阳光保险涪陵支公司作为保险人在接到保险事故通知后对案涉车辆造成的损失是否属于理赔范围和核定范围应向陈某履行告知义务，阳光保险涪陵支公司未履行告知义务，故应对该费用中合理期间产生的部分向陈某承担赔付责任，陈某在阳光保险涪陵支公司未履行前述告知义务时，有义务向阳光保险涪陵支公司督查履行，并有责任在阳光保险涪陵支公司未明确答复时在合理期限内采取措施避免损失的扩大，未采取措施超过合理期限外扩大的损失应自行负责。结合本案存在拼车行为、陈某车辆的损坏程度等情况，该合理期限以三个月为宜，即对事故发生后三个月内的停车管理费应由阳光保险涪陵支公司负担（90天×15元/天=1350元），超过部分，陈某自行负担。阳光保险涪陵支公司未提供证据证明陈某存在扩大修理的嫌疑，故对陈某修车支付的费用44970元应予赔偿。

重庆市黔江区人民法院依据《中华人民共和国民法总则》第一百七十六条、第一百八十八条,《中华人民共和国合同法》第六十条、第一百零七条、第一百一十九条,《中华人民共和国保险法》第五条、第十条、第二十三条、第四十八条、第五十七条及《中华人民共和国民事诉讼法》第六十四条之规定，判决如下：

一、阳光保险涪陵支公司在本判决生效之日起五日内理赔给陈某交通事故造成的损失 46320 元；

二、驳回陈某的其他诉讼请求。

【法官后语】

随着经济的快速增长，保险行业的发展日新月异，保险涉及我们生活的方方面面，比如机动车必须投保机动车交通事故责任强制保险，在发生交通事故后，保险公司将根据保险条款向投保人或伤者赔偿。法官在审理财产保险合同纠纷案件的过程中，会听到部分当事人抱怨理赔难的呼声，保险合同作为诚信合同，应最大限度地保护投保人的权益。在司法实践中，认定非营运车辆的拼车行为是否构成法律所禁止的非法营运行为，应具体考虑拼车行为是否增加了车辆的行驶风险，如若保险标的的风险没有增加，保险公司就不能以拼车行为为由拒赔。同时，拼车行为也体现了共享经济，在一定程度上缓解了城市的交通压力，节约了交通资源，只要在不影响车辆安全行驶的情况下，我们不应当抵制拼车行为。法院在审理本案时，着重考虑保护共享经济，本案案涉车辆的拼车行为没有增加案涉车辆的运行风险，故阳光保险涪陵支公司不能因陈某存在拼车行为拒赔。

本案在涉及车辆待定损期间产生的车辆管理费问题时，重点从诚实信用原则出发，并兼顾以下两个方面：第一，陈某作为普通公民不了解相关的法律规定，在阳光保险涪陵支公司不作为时，可能不会第一时间去督促保险公司履行告知义务，应给陈某一段合理的期间保护其权益，但该期限不宜过长，否则存在恶意扩大损失的可能性。第二，阳光保险涪陵支公司的不作为会直接增加陈某的损失，阳光保险涪陵支公司应对其不作为产生的损失承担相应的责任，切实保护投保人的利益，但考虑到实践中阳光保险涪陵支公司认定拼车行为是否属于非法营运、保险公司是否可以因此拒赔具有一定的难度，因此在确定阳光保险涪陵支公司承担停车管理费的期限时要适度给予阳光保险涪陵支公司一定的空间。故法院秉着公平原则认定阳光保险涪陵支公司承担停车管理费的期限为三个月。

本案判决发出后，双方当事人均服判、未上诉，阳光保险涪陵支公司在判决确定的期限内积极履行判决书确定的义务，该判决对保险公司和利益相关人具有一定的指引作用。

编写人：重庆市黔江区人民法院　高雅　蒋小清

15

改变车辆用途导致车辆危险程度显著增加的情形如何认定

——北汽公司诉永安公司财产保险合同案

【案件基本信息】

1. 裁判书字号

北京市朝阳区人民法院（2019）京0105民初34335号民事判决书

2. 案由：财产保险合同纠纷

3. 当事人

原告：北汽公司

被告：永安公司

【基本案情】

2017年8月3日，北汽公司作为投保人和被保险人在永安公司处为车牌号为A的车辆投保了机动车交通事故责任保险和商业保险，保险期限为2016年11月30日0时至2017年11月29日24时。2017年11月8日11时26分，车牌号为A的车辆在北京市大兴南中轴路田劳桥北侧与B车辆发生碰撞事故。事故发生后，北汽公司立即向永安公司报案，但永安公司以改变车辆使用性质为由拒绝理赔。故北汽公司诉至法院，要求判令永安公司支付保险金16375元。经审查，北汽公司与微巴公司签订了《北京市汽车租赁合同》，约定北汽公司将20辆车租给微巴公司，承租期限为2016年12月1日至2019年11月30日，每月每辆车10500元；微巴公司只准在全国范围内使用租赁车辆。上述20辆车中包含本案所涉车辆，且涉案车辆车身印有微巴公司微信公众号二维码，宣传语为“微巴门到门机场接送”，通过二维码进入微巴公众号可以看到其宣传“39 元门到门接送机服务”“一口价，不限距离”。关于拒赔的理由，北汽公司和永安公司均认可投保时明确的车辆性质为非营运车辆；但永安财险公司称，北汽公司将车辆改为营运性质租赁出去，严重增加了使用时间，使用里程也显著增加，且驾驶员非北汽公司自己的驾驶员、涉案车辆已经产生了费用结算，因此造成保险标的危险程度显著增加，永安公司不应承担赔偿责任。北汽公司称因其与永安公司系多年合作伙伴，永安公司对于上述车辆租赁情况应为明知，故在投保时并未告知永安公司已将涉案车辆租给微巴公司使用的情况。

【案件焦点】

租赁车辆行为是否属于改变车辆用途导致车辆危险程度增加的情形。

【法院裁判要旨】

北京市朝阳区人民法院经审理认为：营运车辆通常是指交通运输管理部门核发营运证书的从事客运、货运或客货两用的车辆，或车辆的运载是以完成商业性传递或交通运输为目的。本案中，北汽公司将保险车辆租赁给微巴公司，并未限制车辆是否可以用于运营，只是限制车辆仅能在全国范围内使用。从微巴公司实际使用情况来看，微巴公司系从事市区到机场运送服务的公司，具有营利性质。此种情形应当属于保险标的用途的改变，这种改变使得保险标的所面临的风险增加。而北汽公司未将此情况及时告知永安公司，永安公司无从选择增加保险费或解除合同。故永安公司以北汽公司改变车辆营运性质导致危险程度显著增加为由拒赔，予以认可。

北京市朝阳区人民法院依照《中华人民共和国保险法》第四十九条、第五十二条，《最高人民法院关于适用〈中华人民共和国保险法〉若干问题的解释（四）》第四条之规定，判决如下：

驳回北汽公司的全部诉讼请求。

【法官后语】

保险标的的情况是保险合同当事人订立合同的基础要素，保险人需依据保险标的的情况确定是否承保及保险费率标准。最大诚信原则则被称为保险法的帝王条款，危险增加通知义务为该原则最重要的表现之一。根据我国保险法的规定，在保险标的的危险程度显著增加的情况下，被保险人应及时通知保险人，如被保险人未履行通知义务，因保险标的危险程度显著增加而发生事故的，保险人不承担赔偿责任。

所谓危险程度显著增加，是指保险合同当事人在订立保险合同时并不存在，也不能预见，但在保险期限内发生的保险标的危险因素或危险程度的显著增加。那么改变车辆用途是否构成危险程度显著增加，我国保险法司法解释中对“危险程度显著增加”的考虑因素进行了列举式规定，其中包含“保险标的用途的改变”。

本案中，关于北汽公司是否构成改变车辆使用用途以致危险程度显著增加，主要从以下几个方面进行考量：

1. 约定使用性质与实际使用性质的区别。北汽公司与永安公司订立保险合同过程中，对车辆性质的约定为非营运性车辆，具有供本单位使用、非经营性的属性；而车辆的实际使用性质系租赁给微巴公司进行接送机服务、具有营利性质，也即车辆并非仅变更了使用主体，而是在使用方式、使用性质上均发生了改变，而上述改变提高了车辆的使用频率，相应增加了出险的概率。

2. 综合考虑危险程度增加持续的时间。危险程度是否显著增加还需考虑危险程度增加持续的时间，本案中北汽公司与微巴公司订立了为期3年的车辆租赁合同，并每车按月收取费用，可见涉案车辆在保险期间内一直由微巴公司以营利性质持续使用，因改变用途导致的风险亦持续存在。

3. 危险应为订立保险合同时保险人无法预见、无法估计之危险。本案中，如北汽公司能够举证证明在订立保险合同时，永安公司明知其已经或将要将标的车辆用于租赁给微巴公司进行营利，但仍与北汽公司订立保险合同，且未对保费标准进行调整、未附加免赔情形的，则永安公司将无法以危险程度显著增加为由拒绝承担赔偿责任。也即此时对于永安公司而言，危险具有可预见性，对于可预见性的危险承担赔偿责任与双方订立合同时形成对价相符，亦不违反最大诚信原则。

编写人：北京市朝阳区人民法院　李方　吴桐

16

格式条款的体系性审查

——张某诉财险信阳公司财产保险合同案

【案件基本信息】

1. 裁判书字号

河南省信阳市中级人民法院（2019）豫15民终1480号民事判决书

2. 案由：财产保险合同纠纷

3. 当事人

原告（上诉人）：张某

被告（被上诉人）：财险信阳公司

【基本案情】

2018年7月30日22时左右，原告张某驾驶A号车由南向北行驶至息县交通局北300米处，因天降暴雨，路面积水较深，车辆发动机进水，突然熄火，致车辆受损。原告报险后在保险公司推荐的信阳中岩恒通汽车销售服务有限公司对车辆进行维修，花维修费42500元。经中衡保险公估股份有限公司评估：A号小型普通客车估损总值为42500元，评估费用为2300元。投保人罗某在财险信阳公司为车辆A号小型普通客车投保了机动车交通事故责任强制保险（以下简称交强险）和机动车商业保险（以下简称商业险），被保险人为张某，保险期间均为一年，投保人罗某同时在投保人声明处签名确认。

【案件焦点】

不同的格式条款之间在内容和理解上发生争议，应当如何解释和适用。

【法院裁判要旨】

河南省信阳市息县人民法院经审理认为：保险合同是投保人与保险人约定保险

权利义务关系的协议，双方当事人均应按照保险合同的约定行使权利并承担义务。原告主张发动机涉水造成的机动车损失属于机动车损失保险赔偿的范围，经查，“机动车商业保险保险单”重要提示一栏明确指出：本保险合同由保险条款、投保单、保险单、批单和特别约定组成。被告提交的《中国人民财产保险股份有限公司机动车综合商业保险条款》第一章“机动车损失保险”中“责任免除”第十条约定，发动机进水后导致的发动机损坏，保险人不负责赔偿；该条款同时显示“发动机涉水损失险”属于附加险。原告提出被告提交的《中国人民财产保险股份有限公司机动车综合商业保险条款》属格式条款，未对原告释明，该条款对其不发生效力。经查，投保人罗某在投保人声明处签字确认，该声明显示保险人已向投保人详细介绍并提供了投保险种所适用的条款，并对其中免除保险人责任的条款作了明确说明，投保人已充分理解并接受上述内容，该声明已由投保人签字确认，视为保险人已尽到了格式条款的解释说明义务，故原告的主张没有事实依据，法院不予支持。

河南省信阳市息县人民法院依照《中华人民共和国民事诉讼法》第六十四条第一款之规定，作出如下判决：

驳回张某的诉讼请求。

宣判后，张某不服一审判决，提起上诉。河南省信阳市中级人民法院经审理认为：A号小型普通客车在暴雨情况下涉水行驶导致发动机损坏，属于机动车损失保险的赔偿范围。理由如下：第一，A号小型普通客车的损失是暴雨造成路面积水，车辆涉水行驶导致发动机进水后损坏所致，暴雨是导致事故发生的最有效、起决定性作用的原因，符合《中国人民财产保险股份有限公司机动车综合商业保险条款》第六条第四项约定，财险信阳公司应当在保险责任限额范围内承担赔偿责任。第二，张某在暴雨中驾驶A号小型普通客车的行为并不违反保险合同约定，也不违反有关保险法律法规的禁止性规定，张某对本次保险事故的发生在主观上并无故意或重大过失。第三，尽管该保险第十条第八项载明了“发动机进水后导致的发动机损坏”的免责条款，但该免责条款与《中国人民财产保险股份有限公司机动车综合商业保险条款》第六条第四项存在歧义且相互矛盾。《中华人民共和国合同法》第四十一条规定：“对格式条款的理解发生争议的，应当按照通常理解予以解释。对格式条款有两种以上解释的，应当作出不利于格式条款一方的解释……”虽然财险信阳公司在保险单等保险凭证及相应保险条款中，已通过黑体字、单列等特别标识对包括诉争条款在内的免责条款作出提示，但是因当事人对《中国人民财产保险股份有限公司机动车综合商业保险条款》第六条第四项约定的因“暴雨”而导致的车损及第十条第八项约定的发动机进水后导致发动机损坏存在歧义，且该条款系格式条款，应当作出不利于格式条款提供方的解释，故该提示不能免除财险信阳公司的赔偿责任。

关于A号小型普通客车的车辆损失问题，中衡保险公估股份有限公司出具的车损评估报告虽系鉴定机构受张某单方委托作出的，但财险信阳公司并未提交足以反驳的证据，亦未就车损情况申请重新鉴定，张某据此请求财险信阳公司赔偿车辆损失42500元有事实依据。张某支付的评估费2300元，是为查明和确定保险事故的性质、原因和保险标的的损失程度所支付的必要的、合理的费用，该项费用应当由财险信阳公司承担。综上所述，张某的上诉请求成立，予以支持。

河南省信阳市中级人民法院依照《中华人民共和国合同法》第四十一条，《中华人民共和国保险法》第十二条、第十七条、第三十条、第五十七条、第六十四条，《最高人民法院关于适用〈中华人民共和国保险法〉若干问题的解释（二）》第九条第一款，《中华人民共和国民事诉讼法》第一百七十条第一款第二项规定，作出如下判决：

一、撤销河南省息县人民法院（2019）豫1528民初181号民事判决；

二、财险信阳公司于本判决生效之日起十日内赔偿张某44800元。

【法官后语】

一审与二审不同的判决结果，反映出对《中国人民财产保险股份有限公司机动车综合商业保险条款》这一单方格式条款的审查、理解、解释与适用的不同。

《中国人民财产保险股份有限公司机动车综合商业保险条款》第六条第四项载明，保险期间内，被保险人或其允许的驾驶人在使用被保险机动车过程中，因下列原因造成被保险机动车的直接损失，且不属于免除保险人责任的范围，保险人依照保险合同的约定负责赔偿：雷击、暴风、暴雨、洪水、龙卷风、冰雹、台风、热带风暴；该保险条款第十条第八项又载明，下列原因导致的被保险机动车的损失和费用，保险人不负责赔偿：发动机进水后导致的发动机损坏。同时该格式条款还专门规定有附加险，其中发动机涉水损失险是其中之一。

在格式条款对双方均发生法律约束力的情况下，一审裁判简单地依照格式条款予以判决，缺乏对格式条款的整体性和系统性司法审查的意识。二审注意到一审处理的失当并予以纠正，体现了对格式条款进行整体性、体系性审查的审慎态度，其适用“对格式条款的理解发生争议的，应当按照通常理解予以解释。对格式条款有两种以上解释的，应当作出不利于格式条款一方的解释”的法律规定进行处理，更加注重公平和个案的具体分析，取得了法治效果和社会效果的统一。

需要说明的是，对于此类纠纷我们还是要结合个案具体分析，既要兼顾公平，也要防止对意思自治的不当干预。比如，对于格式条款间没有交叉，不存在歧义的非自然灾害或其他人为条件下造成的机动车“附加险”承保项目中的损失，应尊重当事人意思自治，维护交易的稳定、便捷和安全。

编写人：河南省信阳市息县人民法院　樊鑫

17

机动车损失险项下定损金额与实际修理费存在差异情形下的认定

——李某诉中国某某分公司财产保险合同案

【案件基本信息】

1. 裁判书字号

北京市第一中级人民法院（2019）京 01 民终 6278 号民事判决书

2. 案由：财产保险合同纠纷

3. 当事人

原告（上诉人）：李某

被告（被上诉人）：中国某某分公司

【基本案情】

李某作为涉案车辆被保险人在中国某某分公司投保车辆商业险，保险期限为

2015年10月28日至2016年10月27日。2016年7月20日，司机张某驾驶涉案车辆行驶至北京市丰台区程庄路路口时，车辆涉水被淹。事故发生后，李某向中国某某分公司报案并申请理赔。2016年7月23日，中国某某分公司对理赔车辆损失情况进行查勘确认。因李某对中国某某分公司出具的车辆损失情况确认书认定的理赔金额不予认可，双方产生争议。之后，李某自行对事故车辆进行了维修。

案件诉讼中，李某就诉讼请求提交机动车保险单、维修车辆材料明细表统一结算《凭证附件》单、汽车维修施工单、北京鸿运长峰汽车技术服务有限公司增值税普通发票、北京新月中道汽车救援技术服务有限责任公司定额发票等材料予以证明。中国某某分公司对李某提交的维修车辆材料明细表统一结算《凭证附件》单、汽车维修施工单、定额发票等材料的证明目的均不予认可。中国某某分公司就答辩意见提交事故车辆照片光盘资料、保险合同条款等予以证明。李某对事故车辆照片光盘资料、保险合同条款的真实性没有异议，但对中国某某分公司所要证明的内容不予认可。

经中国某某分公司申请，法院委托北京某车辆司法鉴定中心对车辆涉案维修项目合理性进行鉴定。2018年12月6日，北京某车辆司法鉴定中心出具某鉴［发］字（2018）第108号《终止鉴定告知书》，内容为，“2018年8月27日，贵院因办理原告李某与被告中国人民财产保险股份有限公司北京市分公司财产保险合同纠纷一案［案号：（2018）京7101民初1063号］，委托我中心对涉案车辆维修项目合理性进行鉴定。我中心于2018年11月27日收到北京市海淀区人民法院四季青法庭回函及相关材料，材料显示涉案车辆已经修复。根据现有鉴定材料进行分析，发现该案已超出我中心鉴定能力。根据《司法鉴定程序通则》第二十九条之规定，我鉴定中心决定终止此次鉴定工作”。

【案件焦点】

实际维修金额与定损金额有较大差异，且涉案车辆已经不具备再次鉴定条件时，保险理赔金额如何认定。

【法院裁判要旨】

北京市海淀区人民法院经审理认为：合法的民事权益受法律保护。当事人对自己提出的主张，有责任提供证据。中国某某分公司承保被保险人李某投保的车辆商业险，中国某某分公司与李某之间已形成财产保险合同关系，双方均应诚信履行保险合同约定的义务。李某投保的车辆在保险责任期限内发生保险事故，中国某某分公司作为承保公司应在保险合同责任范围内承担理赔责任。虽然中国某某分公司对李某提交的修理费发票及维修项目明细的真实性及合理性提出异议并提出相关鉴定申请，但因鉴定材料不完整，鉴定机关无法进行鉴定，而中国某某分公司就其答辩、质证意见亦未提供其他充分证据予以证明，故中国某某分公司仍应在李某主张修理费用的范围内承担相应的理赔责任。同时，虽然李某对中国某某分公司的定损金额不予认可且自行对事故车辆进行维修的行为并无不当，但在中国某某分公司对其维修费用的合理性提出异议并申请鉴定后，李某应当在其举证责任范围内提供维修后的车辆及相关材料以配合鉴定机关进行鉴定。由于李某并未按鉴定机关的要求提供维修车辆及相关材料，致使鉴定机关无法进行鉴定，李某也应在其责任范围内承担举证不能的法律后果。据此，虽然李某就其主张中国某某分公司赔付车辆修理费 96352 元提交修理费发票及维修项目明细，但在李某未提供其他客观证据证明上述修理费用真实合理的情况下，法院对其主张理赔的数额，不予采信。考虑本案审理情况，法院将酌情判处中国某某分公司应当理赔的具体金额。关于李某起诉主张中国某某分公司支付拖车费 1000 元，于法有据，法院予以支持。

北京市海淀区人民法院依照《中华人民共和国保险法》第二条、第五十五条、第五十七条第二款，《中华人民共和国民事诉讼法》第六十四条第一款，判决：

一、中国某某分公司于本判决生效后三日内给付李某车辆保险理赔款 67446. 4 元、拖车费 1000 元，上述费用共计 68446. 4 元；

二、驳回李某其他诉讼请求。

李某不服原审判决，提起上诉。北京市第一中级人民法院经审理认为：本案中李某投保的涉案车辆在保险期间内发生保险事故，中国某某分公司应承担相应的保险赔偿责任。虽然李某与中国某某分公司对车辆定损金额有较大分歧，但在李某提交了涉案车辆的维修车辆材料明细表、汽车维修施工单及修理费发票等证据的情形下，中国某某分公司应就其异议主张提交充足证据加以证明。而且在涉案车辆定损金额与实际修理费用有较大差异的前提下，李某亦应配合鉴定机关就相应修理项目的真实性、合理性进一步查证。但因涉案车辆已经修复且已经转售、不能提供，致使中国某某分公司提出的鉴定申请无法进行下去，李某对此亦有一定责任。因此，结合本案双方举证的实际情况及涉案车辆的客观情况，一审法院酌情判令中国某某分公司应承担的保险理赔款金额并无不当。因鉴定费未实际发生，故中国某某分公司关于鉴定费未予处理的上诉意见亦不能成立，对此不予采信。中国某某分公司的上诉请求不能成立，应予维持。

北京市第一中级人民法院依照《中华人民共和国民事诉讼法》第一百七十条第一款第一项规定，作出如下判决：

驳回上诉，维持原判。

【法官后语】

我国机动车保有量不断增长，路况日益复杂，交通事故随之增加，因此越来越多的车主选择购买商业车险。车辆定损是机动车辆理赔程序中非常关键的一个环节，是保险评估机构对事故车辆的现存价值和修理项目、方式及费用等作出评估和鉴定，并基于此保险人决定赔偿金额的行为。而在近年来的财产保险合同纠纷中，因被保险人与保险人就投保车辆定损事宜发生争议进而引发诉讼的案件数量有增长趋势。一般而言，此类纠纷涉及的类型包括以下几种：

一是经保险人定损且被保险人在定损单上签字确认后，因维修费增加而引发争议。

二是经保险人定损，但被保险人认为定损金额过低，协商不成后未经保险人同意而自行找其他机构评估，最终按照评估结果维修，抑或直接维修，最终导致实际维修费用高于定损金额，进而引发争议。

三是事故发生后，被保险人未与保险人协商，在保险人定损前，被保险人直接委托第三方机构进行评估，并按照评估价格进行维修，抑或直接进行维修，进而引发争议。

解决上述问题的关键在于对定损的性质认定问题，是否必须在定损金额内进行赔付，未定损保险人是否有权拒绝赔付。就此笔者认为，定损的核心问题是确定保险责任及范围，在车辆损失险中主要涉及维修项目、修理方式以及维修费用等，保险人、被保险人对此应在平等、自愿的基础上协商确定，被保险人享有对金额的不认可权，而被保险人未经定损另行评估、维修的，保险人亦有权重新核定。在此类纠纷中涉及较多的证据即定损单、维修费用发票及清单、评估中心的评估意见等，如前所述，前述证据均不具备绝对的证明效力，争议发生后赔偿金额的确定需要综合案件的证据及具体情况综合判断。

在前述三种纠纷类型下，可以组织双方当事人明确争议项目，且保险人、被保险人均有权提起对车辆的评估鉴定申请，以在诉讼中对车辆的维修费用进行评估，并不绝对以定损单抑或实际维修费清单作为赔偿依据。但实践中，有些车辆已经修复、转卖、不能提供，不具备重新鉴定、评估的条件，此时应区别情况加以处理。对于经过定损，但实际维修费用高于定损金额的，被保险人应配合就相应修理项目的真实性、合理性进一步查证，但因涉案车辆不具备重新鉴定、评估的条件，被保险人对此负有一定的责任，故法院可以结合保险人、被保险人举证的实际情况及涉案车辆的客观情况，在定损金额与实际维修金额之间，对赔偿金额进行酌定处理；对于自始未经定损，直接第三方评估或自行维修的，且事后亦无法提供涉案车辆致使无法另行鉴定、评估的，因保险人无法对车辆情况加以断定，故应视为被保险人举证不能，对其提出的索赔请求不予准许。

妥善审理财产保险合同纠纷案件，对于充分发挥保险的风险管理和保障功能，依法保护各方当事人合法权益，实现保险业持续健康发展和服务实体经济，具有重要意义。

编写人：北京市第一中级人民法院　耿瑗

18

价值约定与内部管理的抗衡

——金某诉人寿杭州支公司财产保险合同案

【案件基本信息】

1. 裁判书字号

浙江省台州市中级人民法院（2020）浙10民终661号民事判决书

2. 案由：财产保险合同纠纷

3. 当事人

原告（被上诉人）：金某

被告（上诉人）：人寿杭州支公司

【基本案情】

金某为其名下所有的A号轻型厢式货车向人寿杭州支公司投保。人寿杭州支公司出具保险报价单，载明“机动车损失保险159000元”，保险费用合计“6214.95元”。2019年7月20日，金某向人寿杭州支公司支付保险费用6212.67元。2019年7月20日，人寿杭州支公司出具保险单，载明“机动车损失保险159000元”“人寿杭州支公司承保”“期限为2019年7月21日0时至2020年7月20日24时”。2019年8月10日，因台风“利奇马”，该车辆被冲走。双方因赔偿产生纠纷，2019年11月6日，金某向法院提起诉讼。

另查明，金某通过购买方式于2019年7月19日取得涉案车辆的所有权。涉案车辆初始登记为2015年7月3日。金某于2019年12月19日提出对投保单、保险人声明以及浮动告知单上“金某”字样是否为金某本人所写进行笔迹鉴定。法院向双方发送鉴定通知后，人寿杭州支公司要求撤回其提交的投保单、投保人声明、浮动告知单三份证据，并要求上述三份证据不作为本案证据使用。

【案件焦点】

1. 保险报价单的性质及效力；2. 证据撤回后的法律后果。

【法院裁判要旨】

浙江省临海市人民法院经审理认为：当事人行使权利、履行义务应当遵循诚实信用原则。其一，报价单的性质及效力。本案中，人寿杭州支公司对需要承保的金某发出报价单，其是以缔结合同为目的，向金某提出合同条件，并希望金某接受的意思表示，上述意思表示在实质上成立要约邀请。后人寿杭州支公司要求撤回投保单、投保人声明、浮动告知单三份证据。经法院释明，人寿杭州支公司仍然要求撤回上诉三份证据，人寿杭州支公司应当承担不利的后果。其二，报价单价格与金某支付价格相差虽然只有2.28元，但并不能免除人寿杭州支公司告知投保单具体金额等内容的责任，故对人寿杭州支公司的抗辩，法院亦不采纳。金某认为其根据报价单支付了保险费，应当按照报价单所告知的金额进行赔偿，法院予以支持。保费不足部分，应由金某予以补足。其三，金某要求人寿杭州支公司支付车辆打捞费用50000元，但未提供证据予以证明；金某亦要求被告支付车辆损失利息，无法律依据，故均不予支持。

浙江省临海市人民法院依照《中华人民共和国合同法》第十四条、第十六条、第十七条，《中华人民共和国保险法》第五条、第十一条、第二十条之规定，判决如下：

一、人寿杭州支公司于本判决生效之日起三十日内支付原告金某保险理赔款人民币159000元；

二、驳回金某的其他诉讼请求。

人寿杭州支公司不服，提起上诉。浙江省台州市中级人民法院经审理认为：金某提出申请笔迹鉴定后，人寿杭州支公司则提出要求撤回上述证据，故该公司应当承担对其不利的法律后果。人寿杭州支公司通过第三方向金某发出的保险报价单约定机动车损失保险159000元，金某也接受该金额，故该金额可以认定为双方认可的保险金额。根据人寿杭州支公司提供的保险投保单的内容，机动车损失保险的保险金额是指机动车的实际价值。因此，结合报价单和投保单的内容，可以认定该公司与金某约定的159000元为保险标的的实际价值。人寿杭州支公司认为按车辆折旧计算方法计算本案事故车辆的实际价值为90312元，但该计算方法是保险公司内部管理的内容，该标准并不代表车辆的实际价值，况且双方对标的的保险价值另有约定，故人寿杭州支公司要求按90312元进行赔付没有法律依据。综上，原判认定事实清楚，适用法律正确。人寿杭州支公司上诉理由不足，对其上诉请求，不予支持。

浙江省台州市中级人民法院依照《中华人民共和国民事诉讼法》第一百七十条第一款第一项之规定，判决如下：

驳回上诉，维持原判。

【法官后语】

1. 撤回证据的法律后果认定

举证和质证是诉讼过程中必不可少的环节。当事人向法院提交证据后，应当接受法院的审查和对方当事人的质证。在司法实践中，我们会遇到当事人认为其所提交的证据经过质证后发现该证据对对方当事人有利，要求撤回该证据的情形。当事人在诉讼过程中，要求对已经质证的证据撤回，应当根据具体情况具体分析，比如：如果申请撤回的证据本身存在瑕疵，且与案件没有关联性，经对方当事人同意，可以允许撤回；如果申请撤回的证据存在损害国家、集体或者其他第三人利益或者可能涉嫌伪造的，即使对方当事人同意，也不应准许等。经过质证的证据被撤回后，应当视为当事人没有举证，但是被撤回证据证明的事实不能改变。无论是哪一种情形，如果持有证据的一方，在对方当事人提出反驳或者鉴定等意见后，考虑其先前提供的证据可能会对自身产生不利，而要求撤回的，应当承担不利的后果。

本案中，被告人寿杭州支公司在金某要求对投保单、投保人声明、浮动告知单上“金某”字样是否为其本人所写进行笔迹鉴定时，申请撤回上述三份证据，且为无理由要求撤回。在法院告知撤回的法律后果后，仍然要求撤回证据，则应当承担不利的法律后果。即视为上述证据非金某所签，上述证据中的免责条款、关于保险金额的约定均不对金某产生法律效力，即保险合同有关保险金额为 90312 元的特别约定。

2. 保险金额的确认——报价单的认定与采纳

(1) 报价单的性质

日常中的报价单一般是指在合同的缔结过程中产生的，属于要约邀请。要约邀请只有在相对人发出要约再经过自己承诺，才能使合同成立。本案中，人寿公司曾就车辆的保险发出报价单。值得我们注意的是，该报价单记载了完整的车架号等详细的车辆信息以及详细的保险项目及金额。究竟是以报价单为双方约定的车辆价值还是以投保单为双方约定的车辆价值，是双方争议的焦点。

本案中，因人寿杭州支公司撤回了投保单、投保人声明、浮动告知单三份证据，故人寿公司认为应当按照投保单来确定价值，这是没有依据的。人寿杭州支公司对需要承保的金某发出报价单，该报价单含有金某所需投保的车辆的号牌号码、保险期限、具体保费报价，其中机动车损失保险的保险金额为 159000 元。该保险报价单具备了合同的各个要素，单指向车辆明确，具有缔结合同目的，含有特定对象，非向不特定人群的要约邀请。因此，在无其他证据证明再有约定的情况下，该报价单直接对报价方和接受方产生了法律约束力，具有了要约的法律效力。而后金某通过交纳保险费的方式进行了承诺，因此双方已就投保单金额达成了一致的意思表示，合同已经成立。

报价单性质的认定，不能够单一地从日常经验进行判断，应当从要约与要约邀请的基本区别进行梳理。

（2）赔偿金额的确认

赔偿数额的认定，是双方争议的另一个焦点。是按照保险公司内部的车辆折价平台进行确认，还是按照车辆约定的价值进行赔偿？首先，要注意的是，保险公司在变更合同内容时，应当履行告知义务。本案中报价单价格与金某支付价格有差异，并不能免除人寿杭州支公司告知投保单具体金额等内容的责任，但保险公司却通过打印保险单的方式进行确认，未对差额及保险金额进行提示或明确说明，自然足以让投保人产生只是保险费减少的表面特征。因此，人寿杭州支公司仍应按照报价单的保险金额予以赔付。根据人寿杭州支公司提供的保险投保单的内容，机动车损失保险的保险金额是指机动车的实际价值，结合报价单和投保单的内容，可以认定人寿杭州支公司与金某约定的159000元为保险标的的实际价值。其次，根据《中华人民共和国保险法》第五十五条第一款之规定，投保人和保险人约定保险标的的保险价值并在合同中载明的，保险标的发生损失时，以约定的保险价值为赔偿计算标准。据此，人寿杭州支公司应当按双方约定的保险标的的保险价值即159000元进行赔付。人寿杭州支公司认为按车辆折旧计算方法计算本案事故车辆的实际价值为90312元，但该计算方法是保险公司内部管理的内容，该标准并不代表车辆的实际价值，况且双方对标的的保险价值另有约定，故人寿杭州支公司要求按90312元进行赔付没有法律依据。

编写人：浙江省临海市人民法院　朱玛　王迎春

19

免责条款中的实习期是否包括增驾 A2 车型实习期

——鸿运公司诉人保财险管城支公司财产保险合同案

【案件基本信息】

1. 裁判书字号

河南省开封市中级人民法院（2019）豫 02 民终字第 2282 号民事判决书

2. 案由：财产保险合同纠纷

3. 当事人

原告（上诉人）：鸿运公司

被告（被上诉人）：人保财险管城支公司

【基本案情】

2018 年 7 月 1 日 4 时许，赵某驾驶鸿运公司的涉案重型半挂牵引车，沿 240 国道由北向南行驶至京山县钱场镇吴岭村小桥路段与对向车辆会车时，撞上桥面中心隔离带，导致车辆侧翻后，燃油泼洒至路面，护栏设施及该车前桥脱落，造成三车、中心隔离带设施、路面受损的交通事故。交通事故认定书认定，赵某负事故的全部责任。鸿运公司委托鉴定机构对前述车辆的损失价值进行评估，经评估车辆损失价值为 125413 元、评估费 6200 元、施救费 19000 元，共计 150613 元。

鸿运公司为涉案重型半挂牵引汽车向人保财险管城支公司处投保机动车损失保险，保险限额为 259044.40 元。赵某的机动车驾驶证显示准驾车型为 A2，机动车驾驶证副页显示“增驾 A2，实习期至 2018 年 7 月 10 日”。中国人民财产保险股份有限公司机动车综合商业保险条款第八条第二款第五项约定了免责条款，“实习期内驾驶公共汽车、营运客车或者执行任务的警车、载有危险物品的机动车或牵引挂车的机动车”系保险人免赔的情形。保险公司提供的涉案保险原始投保单中投保人声明载明：“保险人已向本人详细介绍并提供了投保险种所使用的条款，并对其中免除保险人责任的条款，以及保险合同中付费约定和特别约定的内容向本人做了明确说明，本人已充分理解并接受上述内容，同意以此作为订立保险合同的依据；本人自愿投保上述险种。上述所填写的内容均属实。”投保人在声明上加盖了公章。

鸿运公司向法院起诉，请求判令人保财险管城支公司支付鸿运公司因交通事故造成的各项损失共计150613元。

【案件焦点】

赵某在增驾实习期内驾驶牵引挂车的机动车，人保财险管城支公司是否可以在商业三者险内免责。

【法院裁判要旨】

河南省兰考县人民法院经审理认为：鸿运公司司机赵某在增驾A2机动车驾驶证实习期内驾驶牵引挂车，违反法律的强制性规定，属于保险公司机动车损失保险的免赔情形，人保财险管城支公司的免责条款字体显著加粗、加黑，且保险公司提供的涉案保险原始投保单中投保人已作出声明，故保险公司对免除保险人责任的条款已尽到了法律规定的明确说明义务，该条款已生效。

河南省兰考县人民法院依照《中华人民共和国合同法》第一百零七条，《中华人民共和国保险法》第十条、第十七条第二款，《最高人民法院关于适用〈中华人民共和国保险法〉若干问题的解释（二）》第十条、第十一条第二款、第十三条，《中华人民共和国民事诉讼法》第六十四条第一款之规定，判决如下：

驳回鸿运公司的诉讼请求。

鸿运公司不服，提起上诉。河南省开封市中级人民法院经审理认为：首先，道路交通安全法实施条例第二十二条第二款明确规定实习期仅指初次申领驾驶证后的12个月，并不包括增驾实习期，而公安部《机动车驾驶证申领和使用规定》规定实习期包含增加准驾车型后的12个月，二者的规定存在不一致，对“驾驶人实习期内驾驶的被保险机动车牵引挂车，保险人不负责赔偿”的保险条款的理解易产生歧义，因此在订立合同时的说明义务应当较之其他免责条款更为“明确、详尽”，即保险公司应对保险条款中的“实习期”到底系何种含义向投保人作出明确说明。其次，有关实习期的免责条款系保险公司预先拟定的格式条款，根据合同法第四十一条规定，对格式条款的理解发生争议的，应当按照通常理解予以解释。对格式条款有两种以上解释的，应当作出不利于提供格式条款一方的解释。格式条款和非格式条款不一致的，应当采用非格式条款。因人保财险管城支公司在签订合同时，未向投保人就“实习期”系何种含义作出明确说明，故本案应当对“实习期”作出不利于格式条款提供方即人保财险管城支公司的解释，即“实习期”仅包含初次申领驾驶证后的十二个月。赵某在1999年即初次领取驾驶证，本案事故发生时，赵某已经不在实习期。最后，人保财险管城支公司提供投保单投保人声明栏只有代理人郑州二融汽车销售有限公司盖章，且没有签时间，不足以证明其已将该免责条款向投保人履行了提示说明义务，该免责条款未生效。因此，赵某在增驾实习期内驾驶牵引挂车的机动车，不应免除人保财险管城支公司商业三者险内赔偿责任的理由。

河南省开封市中级人民法院依照《中华人民共和国保险法》第十七条第二款、《中华人民共和国合同法》第四十一条、《中华人民共和国民事诉讼法》第一百七十条第一款第二项规定，判决如下：

一、撤销兰考县人民法院（2019）豫0205民初404号民事判决；

二、人保财险管城支公司在商业三者险责任限额内赔偿鸿运公司损失150613元。

【法官后语】

在当前的审判实践中，针对上述免责条款，容易引起争议的主要是增驾A2车型实习期内驾驶机动车牵引挂车是否免责的问题。这是由于A2驾驶证的准驾车辆是“牵引车”，准驾车型是“重型、中型全挂、半挂汽车列车”，即申领A2驾驶证的目的就是驾驶牵引车牵引挂车；而其他类型驾驶证由于准驾车辆及准驾车型不同，故而争议不大。具体而言，问题的关键在于，认定上述免责条款中的“实习期”是否包括增驾A2车型实习期。

1. “增驾实习期内不得驾驶牵引车的机动车”的规定属于部门规章，不属于“禁止性规定”

从具体规定来看，《最高人民法院关于适用〈中华人民共和国保险法〉若干问题的解释（二）》第十条规定：“保险人将法律、行政法规中的禁止性规定情形作为保险合同免责条款的免责事由，保险人对该条款作出提示后，投保人、被保险人或者受益人以保险人未履行明确说明义务为由主张该条款不成为合同内容的，人民法院不予支持。”即对于禁止性规定情形的免责事由，保险人仅履行提示义务即可，不再需要对此类禁止性规定进行明确说明。因此，对于增驾实习期不得驾驶牵引挂车的机动车，应当首先区分其是否属于法律、行政法规中的禁止性规定情形。《中华人民共和国道路交通安全法实施条例》虽然属于行政法规，但该条例第二十二条明确规定实习期仅指初次申请驾驶证后的12个月，并不包括增驾实习期。公安部制定的《机动车驾驶证申领和使用规定》第七十四条第一款虽规定实习期包含增加准驾车型后的12个月，但该规定是公安部制定的关于指导机动车驾驶证申领和使用的部门规章，并非全国人大及其常委会制定的法律，以及国务院制定的行政法规，因此《机动车驾驶证申领和使用规定》中“增驾实习期内不得驾驶牵引车的机动车”的规定，并不属于“禁止性规定”。

2. “实习期”的现行规定存在不一致，应当作出不利于提供格式合同一方保险人的解释

根据保险法第三十条的规定，对于保险合同格式条款有两种以上解释的，人民法院或者仲裁机构应当作出有利于被保险人和受益人的解释。保险人对于保险合同中的免责条款具有提示和明确说明的义务，即除在保险单上提示投保人注意外，保险人还应当对有关免责条款的概念、内容及其法律后果等，以书面或者口头形式向投保人或其代理人作出解释，以使投保人明了保险条款的真实含义和法律后果。鉴于“实习期”的现行规定存在不一致，对保险条款的理解易产生歧义，存在两种以上解释，应当作出不利于提供格式合同一方保险人的解释。并且，按照一般人的通常认识与理解，机动车驾驶人初次申领机动车驾驶证后的一年内为实习期。争议免责条款没有明确所谓的实习期是“初次申领驾驶证的实习期”还是“增驾实习期”，故应当对保险人作出不利解释。

3. 网络投保作为新型的投保方式日趋普遍，保险公司需对保险合同的免责条款已尽提示及明确说明义务承担举证责任

投保人主张保险公司未将免责条款进行提示或明确说明的，保险公司对此应承担相应的举证责任。保险公司主张A2驾驶证增驾实习期内牵引挂车发生交通事故属于责任免除范围的，除应提交投保人签字的保险单外，还应举证其就该项免责条

款对投保人尽到了明确解释和说明义务，如采用足以引起投保人注意的文字、字体、符号或者其他标志。若保险公司未就何谓实习期、是否包括驾驶人在增驾实习期驾驶免责条款约定的准驾车型，向投保人予以明确的说明和告知，保险公司主张免除赔偿责任理据不足，不应支持。双方对保险条款中免责条款是否已尽提示及明确说明义务有争议的，保险公司应提交相应网页等电子数据的形式，证明已经尽到提示及口头说明义务。保险公司提交相应证据，尽到举证责任后，投保人对此不认可的，需提供足以反驳的证据。

4. 增驾A2车型实习期内不允许驾驶准驾车型、车辆，则失去了实习期的设立目的和意义

根据《机动车驾驶证申领和使用规定》对准驾车型的规定，A2驾驶证对应的准驾车型为“牵引车”，准驾车辆为“重2型、中型全挂、半挂汽车列车”。故驾驶员申领A2驾驶证的目的就是牵引挂车、半挂车。不允许增驾A2车型实习期内牵引挂车，明显存在矛盾。并且，增驾A2车型实习期内，驾驶员已经取得了驾驶牵引车牵引挂车、半挂车的资格，而实习期的主要目的就是使驾驶员熟悉准驾车型、车辆的性能、运行等行驶情况，如在实习期内不能驾驶准驾车型、车辆，则失去了实习期的设立目的和意义。另外，类似案件中，交警部门往往并未对驾驶员处于增驾实习期与事故之间存在因果关系作出认定。驾驶人增驾车型处于实习期，不足以认定与交通事故的发生存在因果关系。

综上所述，机动车商业险种的保险合同将“驾驶人于实习期驾驶牵引挂车的机动车”约定为免责条款的，在保险人对免责条款进行了提示和说明的情况下，如果在增驾A2车型实习期内，驾驶员驾驶机动车牵引挂车发生保险事故，保险公司仍应承担保险责任。

编写人：河南省开封市中级人民法院　高新峰

20

如何认定财产保险合同约定“第一受益人”的法律地位及权利行使条件

——马某诉人保襄阳分公司财产保险合同案

【案件基本信息】

1. 裁判书字号

天津市滨海新区人民法院（2019）津 0116 民初 48644 号民事判决书

2. 案由：财产保险合同纠纷

3. 当事人

原告：马某

被告：人保襄阳分公司

【基本案情】

2019 年 9 月 7 日 4 时 30 分许，马某驾驶 A 号挂重型货车，沿长深高速公路行驶至下行津南服务区出口时，该车未保障安全驾车，撞到纪某驾驶的 B 号挂重型货车后尾部，马某的车溜车，该车左后部撞到由陈某驾驶的 C 号小型客车右前部，造成三车损坏的交通事故。经天津市公安交通管理局高速支队唐津大队认定，马某承担事故全部责任，纪某、陈某无责任。A 号挂车中的牵引车 A1 登记所有人为刘某、挂车 A2 登记所有人为王某，该车牵引车在人保襄阳分公司投保商业险，被保险人为刘某。其中，商业险包含机动车损失保险，保险责任限额为 141450 元，附带不计免赔，本次事故发生在保险期间。事故发生后，马某支付 4300 元施救费用。另，人保襄阳分公司出具的保单特别约定第 2 条记载：本保单第一受益人为马某。

马某提交了其与刘某于 2018 年 12 月 10 日签订的《车辆转让协议》，记载主要内容为刘某将 A 号挂车转让给马某，2018 年 12 月 10 日后该车发生的一切事故纠纷及产生的经济利润由马某所得等。

本案呈诉前，马某申请天津顺亿机动车鉴定评估有限公司对 A1 号牵引车损失进行评估，2019 年 9 月 12 日，该公司作出《评估报告书》，该评估意见为 A1 重型半挂牵引车损失金额为 97545 元，该评估意见记载更换配件费用 92020 元、工时费用 5805 元、扣除残值 280 元。马某后提交了该车维修费用发票及维修清单，马某支付维修费用 97545 元。维修清单记载内容与《评估报告书》内容一致。

2019 年 11 月 10 日，人保襄阳分公司向法院提交《重新鉴定申请书》，请求对 A1 重型半挂牵引车在本次事故中的修理损失进行鉴定。

【案件焦点】

1. 马某是否具备适格的原告主体资格；2. 马某主张的经济损失能否成立。

【法院裁判要旨】

天津市滨海新区人民法院经审理认为：关于焦点一，马某提交了其与刘某签订的《车辆转让协议》，结合保险单特别约定的第一受益人为马某。因此，马某取得了本案保险合同法律关系的当事人资格，有权就被保险车辆 A1 号车的财产权益向保险人主张权利，马某具备本案的原告主体资格。

关于焦点二，对于施救费损失。马某提交的施救费发票予以佐证，人保襄阳分公司虽对其不予认可，但并未举证证明其存在不合理之处，对其异议法院不予支持。施救费数额法院认定为 4300 元。对于 A1 号车的车辆损失，结合马某提交的《评估报告书》及其附录照片显示的该车辆受损程度及维修发票、维修清单，法院对马某主张的车辆维修费 97545 元予以认定。但残值扣除 280 元数额过低，法院在上述扣除残值基础上再酌情扣除更换零部件 92020 元 10% 的残值。马某车辆维修费数额确定 88343 元（97545 元 - 92020 元 × 10%）。马某上述经济损失共计 92643 元，庭审中，马某主张扣除另外两辆机动车交强险无责任限额 200 元，经审查，该项主张不违反法律规定，法院予以照准。因此，人保襄阳分公司承担赔偿责任数额为 92443 元（92643 元 - 200 元）。人保襄阳分公司虽然对其不予认可并提出重新鉴定申请，但并未提交足以推翻 A1 号车实际损失的证据，法院对人保襄阳分公司的异议及重新鉴定申请不予支持。

天津市滨海新区人民法院依照《中华人民共和国保险法》第十条、第十四条、

第五十七条规定，判决如下：

一、人保襄阳分公司于本判决生效后十日内赔偿马某经济损失共计 92443 元；

二、驳回马某的其他诉讼请求。

【法官后语】

在财产保险合同中，约定“第一受益人”的情形比较常见，但保险法中并无对财产保险合同“第一受益人”的明文规定，仅在第十八条规定了人身保险合同受益人的定义：“受益人是指人身保险合同中由被保险人或者投保人指定的享有保险金请求权的人。投保人、被保险人可以为受益人。”在发生财产损失保险事故时，能否参照上述规定，以“第一受益人”的名义起诉并行使权利，对此常常存在争议。

笔者认为，以“第一受益人”名义起诉，应当予以支持，但其能否达到行使权利的实体效果，应当视情况而定。理由为：

第一，根据民法中“法无禁止则允许”基本理念，虽然“第一受益人”并非财产保险合同中的投保人或被保险人，并且保险法中也没有“第一受益人”的概念，但基于合同自治原则，保险合同当事人明确约定了“第一受益人”的主体，基于保险合同为保障“第一受益人”利益的特点，那么“第一受益人”对财产保险标的享有利害关系，如果在保险合同履行过程中，“第一受益人”认为保险标的受到了保险合同约定事件的侵害，那么，“第一受益人”完全可以根据《中华人民共和国民事诉讼法》第一百一十九条“起诉必须符合下列条件：（一）原告是与本案有直接利害关系的公民、法人和其他组织”的规定提起诉讼，法院应予受理并进入实体审理。

第二，“第一受益人”能否得到法院支持其诉讼请求，应当视投保人或被保险人与“第一受益人”之间有无特别约定。如果当事人之间的约定没有违反法律法规的强制性规定，应当认定此约定有效，并按照约定进行权利义务分配。如果没有特别约定，只有发生了保险标的全部损失的情况，才应当允许“第一受益人”分得相应的财产权利，如果发生了部分损失，此时保险标的需要进行修复，将此财产损失诉讼权利赋予投保人或被保险人，则可以对保险标的进行及时维修，符合保险法的基本理念。此时，“第一受益人”如获得赔偿，将直接影响保险标的的有效维修，增加了交易成本。

本案中，虽然人保襄阳分公司出具的保单特别约定第二条记载第一受益人为马某，马某具备适格的原告主体资格，马某庭审中提交了其与被保险人刘某签订的《车辆转让协议》，其中约定了本次交通事故发生的财产权益由马某享有，在此约定合法有效的前提下，法院判决保险人人保襄阳分公司直接向“第一受益人”马某履行保险金的赔偿义务。

编写人：天津市滨海新区人民法院　张艳辉

21

投保人仅在投保单上签字并不当然证明保险人对免责条款已尽到提示和明确说明义务

——森勃运输公司诉阳光财险重庆分公司财产保险合同案

【案件基本信息】

1. 裁判书字号

重庆自由贸易试验区人民法院（2019）渝 0192 民初 13397 号民事判决书

2. 案由：财产保险合同纠纷

3. 当事人

原告：森勃运输公司

被告：阳光财险重庆分公司

【基本案情】

2017 年 3 月 13 日，聚佳汽车公司向阳光财险重庆分公司购买机动车商业险和交强险，被保险人为森勃运输公司，被保险车辆为森勃运输公司所有的一辆挂车及一辆牵引车。

在签订保险合同时，聚佳汽车公司盖章确认了一份投保单，该投保单除有保险金额及保险种类等信息外，还有一处为投保人声明栏。投保人声明栏中的内容为，

“确认保险人已经明确履行保险合同中免责条款的明确说明义务，并已将保险条款交付给投保人”。

同日，阳光财险重庆分公司向聚佳汽车公司出具机动车商业险及交强险保单。保险期间为1年。保险单中明确约定商业险保险单适用条款显示为《机动车综合商业保险示范条款》。该条款责任免除部分第八条规定，驾驶人驾驶出租机动车或营业性机动车无交通运输管理部门核发的许可证书或其他必备证书，保险人不负责赔偿。条款后附有一页《投保人声明》，该页为可撕取留存页，主要内容亦为保险人已通过书面形式向投保人明确说明了免责条款，投保人理解并认可保险合同中免责条款的内容。其中，“保险人已明确说明免除保险人责任条款的内容及法律后果”还需投保人在空白方框内手写，并在投保人签章处签字盖章和填写日期。庭审过程中，保险公司只举示了条款的示范文本。

2018年1月8日，被保险车辆在行驶中发生事故，产生损失。森勃运输公司就此次事故向阳光财险重庆分公司索赔，阳光财险重庆分公司以驾驶员从业资格证过期为由拒赔。经核实，发生事故时，车辆驾驶员从业资格证确已超过有效期。

庭审中，森勃运输公司陈述没有收到《机动车综合商业保险示范条款》，且在条款后的《投保人声明》上亦没有森勃运输公司的手写及盖章确认，故阳光财险重庆分公司没有履行免责条款的提示和明确说明义务。阳光财险重庆分公司陈述，《机动车综合商业保险示范条款》对应的《投保人声明》没有找到，《投保人声明》已经给了投保人，故阳光财险重庆分公司已经履行了免责条款的提示和明确说明义务。

【案件焦点】

阳光财险重庆分公司对《机动车综合商业保险示范条款》中的免责条款是否尽到了提示和明确说明义务。

【法院裁判要旨】

重庆自由贸易试验区人民法院经审理认为：阳光财险重庆分公司未尽到提示和明确说明义务。首先，《机动车综合商业保险示范条款》所附的《投保人声明》页内容表明，该页系保险公司针对保险合同中的免责条款，为履行法律规定的提示和明确说明义务而专门设置，保险公司履行提示和明确说明义务后，由投保人按照要求填写相应内容并签章确认。该页为可撕取页，按照工作流程，在投保人填写完毕后理应由保险公司撕取留存。阳光财险重庆分公司在举证期限内并未举证证明投保人已填写的《投保人声明》，仅举示了示范文本，不足以证明其已向投保人就保险合同中的相应免责条款作出了提示和明确说明。阳光财险重庆分公司关于《投保人声明》已交给投保人的陈述，因其未举证证明，且与工作流程设置的逻辑不符，法院不予采信。其次，虽然投保人在投保单的投保人声明栏、投保人签章处签章确认了，但结合保险条款所附的《投保人声明》，以及投保人投保时本应在投保单上签章确认投保事项且投保单并未设置其他签章位置的事实，足以认定投保人在投保单上的签章并非对保险公司就免责条款已履行提示和明确说明义务的确认，而是对保险种类、保险金额等主要投保事项的确认。综上，阳光财险重庆分公司对《机动车综合商业保险示范条款》中的免责条款未尽到提示和明确说明义务。

重庆自由贸易试验区人民法院依照《中华人民共和国保险法》第十条、第十三条、第十七条、第二十三条、第五十七条、第六十五条，《最高人民法院关于适用〈中华人民共和国保险法〉若干问题的解释（二）》第九条、第十三条和《中华人民共和国民事诉讼法》第一百四十二条之规定，作出如下判决：

一、阳光财险重庆分公司于本判决生效之日起十日内在牵引车机动车损失险保险金额内赔付森勃运输公司14650元；

二、阳光财险重庆分公司于本判决生效之日起十日内在挂车机动车损失险保险金额内赔付森勃运输公司33600元；

三、阳光财险重庆分公司于本判决生效之日起十日内在牵引车交通事故强制责任保险金额内赔付森勃运输公司2000元、在第三者责任险保险金额内赔付森勃运输公司1000元；

四、驳回森勃运输公司的其他诉讼请求。

【法官后语】

保险人关于免责条款的提示和明确说明义务，一直是保险纠纷领域的热点、难点。该问题的实质是保险人是否履行免责条款的提示和明确说明义务的事实认定问题。结合保险法以及《最高人民法院关于适用〈中华人民共和国保险法〉若干问题的解释（二）》的相关规定，保险人是否履行免责条款的提示和明确说明义务的举证责任应由保险人负担，这一点目前在理论界以及实务界并无争议。但在具体涉及《最高人民法院关于适用〈中华人民共和国保险法〉若干问题的解释（二）》第十三条规定的理解与适用时，实践中个案情形不同，未能达成一致，本案通过对个案的处理，试图提炼类似情况的事实认定标准，以便规范类案统一裁判的尺度。

关于保险人是否履行提示和明确说明义务的事实认定规则，具体包括两点：

1. 投保人已在投保单上确认，且投保单上有保险人就免责条款已履行提示和明确说明义务的内容，在无其他证据证明保险人未履行义务的情况下，投保人对投保单相应内容的确认有效，法院应认定保险人已经履行了相应义务。

《最高人民法院关于适用〈中华人民共和国保险法〉若干问题的解释（二）》第十三条的内容，实质是对保险人关于免责条款明确说明义务的举证责任分配。根据通说，明确说明义务的举证责任由保险人负担。该条共有两款，第一款为行为意义上的证明责任，第二款则为结果意义上的证明责任。在仅有投保人确认的投保单作为证据时，保险人已经就自己已履行明确说明义务完成了初步的证明责任，在无其他证据证明保险人未履行义务的情况下，保险人举示的投保单已经完成了该条第一款、第二款的证明责任，故法院应当认定保险人已经履行了免责条款的明确说明义务。

2. 投保人已在投保单上确认，虽然投保单上有保险人就免责条款已履行提示和明确说明义务的内容，但另有证据证明保险人未履行明确说明义务的，法院不应认定保险人已经履行了相应义务。

另有证据证明保险人未履行明确说明义务主要包含两层含义：首先，对投保单上盖章确认内容的范围认定。投保单上不仅有投保人声明栏中载明的保险人对免责条款履行提示和明确说明义务的内容，同时还记载了保险种类、保险金额等较为重要的保险信息。在另有证据证明保险人未履行明确说明义务的前提下，投保人在投保单上的签字确认，系对整个投保行为，包括保险种类、保险金额等较为重要的保险信息的确认，不包含对投保人声明栏中关于履行免责条款的提示和说明义务的确认。其次，对单独成页的《投保人声明》的性质认定。本案的特殊情况在于，签订保险合同的流程中设置有投保人确认保险人履行提示和明确说明义务的环节，即单独制作的《投保人声明》页。该份《投保人声明》的主要内容记载了保险人送达保险条款及履行提示和明确说明义务的详细情况，其设置目的在于证明保险人依法履行了对免责条款的提示和明确说明义务。按照保险合同正常的签订流程，保险人在履行提示和明确说明义务后，将该份《投保人声明》交由投保人盖章确认并留存。一旦双方就是否尽到提示和明确说明义务发生争议，保险人可举示《投保人声明》证明已经履行了提示和明确说明义务。若无法举示，则保险人未尽到提示和明确说明义务。故，本案中保险人需负担该份《投保人声明》已经投保人确认的举证责任，在其无法举证证明的情况下，需承担不利的法律后果。

编写人：重庆两江新区人民法院（重庆自由贸易试验区人民法院） 吴克坤　李云梦

22

投保人举证推翻其确认保险人履行免责条款提示说明义务事实的免责条款不发生法律效力

——会发公司诉渤海保险重庆分公司保险合同案

【案件基本信息】

1. 裁判书字号

重庆市第一中级人民法院（2019）渝01民终6005号民事判决书

2. 案由：保险合同纠纷

3. 当事人

原告（被上诉人）：会发公司

被告（上诉人）：渤海保险重庆分公司

【基本案情】

2017年3月2日，会发公司为牌照为A的厢式运输车向渤海保险重庆分公司投保第三者责任险等商业险，投保单上载明了险种、保险金额、保险期间等内容，《投保人声明》一栏为黑体字，内容为“本人已仔细阅读保险条款，尤其是黑体字部分的条款内容，并对保险公司就保险条款内容的说明和提示完全理解，没有异议，申请投保”，会发公司在该栏上加盖印章。《投保人声明》载明“保险人已通过上述书面形式向本人详细介绍并提供了投保险种所适用的条款，并对其中免除保险人责任的条款以及本保险合同中付费约定和特别约定的内容向本人作了书面明确说明，本人已充分理解并接受上述内容，同意以此作为订立保险合同的依据”等内容；下方空白方框内手写内容为“本人确认收到条款及机动车综合商业保险免责事项说明书，保险人已明确说明免除保险人责任条款的内容及法律后果”。会发公司在《投保人声明》尾部投保人签章处加盖印章，落款日期为2017年3月2日。同日，渤海保险重庆分公司出具了保险单。

2017年12月28日，蔡某驾驶A号货车从重庆往晏家方向行驶，行驶至沪渝高速公路出城方向处与肖某驾驶的B号货车发生碰撞后侧翻，造成A号车驾驶人蔡某、乘车人苏某、金某受伤和公路路产以及两车不同程度损坏的交通事故。重庆市交通行政执法总队高速公路第四支队一大队于2018年1月16日出具《道路交通事故认定书》，认定驾驶人蔡某承担此次道路交通事故的全部责任。

事故发生后，蔡某因受伤治疗产生医疗费1252.20元；会发公司垫付和赔偿了相关费用，故要求渤海保险重庆分公司赔偿：蔡某的医疗费、金某和苏某的乘客险保险金、A号货车损失、B号车辆损失、公路路产损失，共计209842.20元。

庭审中，渤海保险重庆分公司举示该公司《机动车综合商业保险条款》，在“责任免除”中载明，驾驶人具有驾驶出租机动车或营业性机动车无交通运输管理部门核发的许可证书或其他必备证书的情形的，不论任何原因造成被保险机动车的任何损失和费用，保险人均不负责赔偿。渤海保险重庆分公司陈述发生事故时，A号货车的驾驶人蔡某没有取得相应的从业资格证，因此该公司根据责任免除条款的约定，不应当承担赔偿责任。

会发公司陈述，该公司因办公地点在巴南区，从2010年至今都是通过渤海财产保险股份有限公司巴南支公司（以下简称巴南支公司）的法定代表人（经理）丁某进行投保，每次打款都是通过巴南支公司，保单也是巴南支公司派人送过来，渤海保险重庆分公司从未交付保险条款，也没有对免责条款进行提示和说明；《投保人声明》中的手写内容不是该公司工作人员填写，该公司盖章时是空白的。

会发公司举示了其工作人员翟某于2018年11月28日通过手机与丁某的通话录音，在该录音中，丁某认可翟某所说的“渤海保险公司没有在保单后附保险条款，也没有向会发公司交付保险条款”，并陈述“附了条款的应当加盖骑缝章，骑缝章都没得，证明没有附条款”；同时，丁某在录音中与翟某就赔偿金额进行了磋商。渤海保险重庆分公司认可丁某是该公司下属机构巴南支公司的法定代表人，是巴南支公司的经理，但不清楚录音是否为丁某本人，且录音是非法取得，不能作为证据使用；会发公司是向渤海保险重庆分公司投保的，保单上的业务员不是丁某，丁某是巴南支公司的经理，因此即使录音属实，也与本案无关。

【案件焦点】

1. 保险人是否尽到了对免责条款的提示和说明义务；2. 保险人是否应当承担赔偿责任。

【法院裁判要旨】

重庆市江北区人民法院经审理认为：蔡某未取得从业资格证驾驶车辆的行为，属于保险条款中约定的免除保险人赔偿责任的情形。但根据会发公司工作人员与渤海保险重庆分公司负责本案保险合同联系、洽谈事宜的工作人员丁某的通话录音，渤海保险重庆分公司从未向会发公司交付过保险条款，未尽到对免责条款的提示和说明义务，保险条款中的相关免责条款不产生效力，故渤海保险重庆分公司应当向会发公司进行赔付。

重庆市江北区人民法院依照《中华人民共和国保险法》第十七条，《最高人民法院关于适用〈中华人民共和国保险法〉若干问题的解释（二）》第十三条，《中华人民共和国民事诉讼法》第六十三条第四项、第七十一条的规定，判决如下：

渤海保险重庆分公司于判决生效之日起十日内向会发公司支付保险金209842.20元。

二审法院同意一审法院裁判意见。

【法官后语】

投保人在《投保单》和《投保人声明》上盖章确认保险人向其交付了保险条款，并对免责条款进行了提示和明确说明。但投保人有相反证据证明保险人并未履行上述义务的，应认定保险人未尽到免责条款的提示和明确说明义务，保险条款中的相关免责条款依法不产生效力。

保险人缔约说明义务特别是对于保险人责任免除条款的提示和明确说明，在保险合同的签署过程中极为重要。对于免除保险人责任条款，保险人需要尽到比一般条款更高标准的说明义务。其中，“明确说明”是指保险人在与投保人签订保险合同之前或者签订保险合同之时，对于保险合同中所约定的免除保险人责任的条款，除了在保险单或者其他保险凭证上作出足够引起投保人注意的提示，还应当对免责条款的概念、内容及其法律后果等，以书面或者口头形式向投保人或其代理人作出解释，以使投保人明了该条款的真实含义和法律后果。在实践操作中，保险人往往对免除保险人责任的条款作加黑、加粗处理，并在格式条款尾部上方设置“投保人声明”一栏，留出一定空白格，要求投保人亲自誊抄“本人已阅读保单条款”“保险人已对责任免除条款进行说明”等字样。

对于投保人在“投保人声明”栏签字，或誊抄投保人声明内容，能否证明保险公司已履行明确说明义务这一问题，主要有三种观点。

第一种观点持肯定态度，认为该等声明或誊抄行为已经达到了法律所要求的说明标准，投保人签字是其真实意思表示，站在降低保险公司成本、提升效率的角度，应当认定保险公司已履行明确说明义务。

第二种观点持否定态度，认为该等声明或誊抄行为不能证明投保人明了免除保险人责任条款的真实含义和法律后果，在司法实践中往往存在投保人未将全部保险条款向投保人出示的情况，站在保障投保人利益的角度，也不应认定保险公司已履行明确说明义务。

第三种观点系折中观点，要求投保人完整誊抄所有免责条款未免效率过低，笼统誊抄和在投保人声明栏处签名亦无法绝对说明保险人已尽到明确说明义务。考虑到要求保险公司举其他证据证明其尽到明确说明义务过于苛刻，故除非投保人有相反证据证明外，可认定保证人尽到了明确说明义务。

本案采取第三种观点，亦符合《最高人民法院关于适用〈中华人民共和国保险法〉若干问题的解释（二）》第十三条第二款的规定。尽管渤海保险重庆分公司举示的《投保单》和《投保人声明》上的内容证实会发公司认可渤海保险重庆分公司向其交付了保险条款，并对免责条款进行了提示和明确说明。但根据会发公司工作人员与渤海保险重庆分公司的下属机构巴南支公司的经理即法定代表人丁某的通话录音，渤海保险重庆分公司从未向会发公司交付过保险条款，故认定渤海保险重庆分公司未履行免责条款的提示和明确说明义务，本案保险条款中的相关免责条款依法不产生效力。

编写人：重庆市江北区人民法院 朱敏 曲静宜

23

以家庭自用车辆名义投保的网约车在非运营过程中发生交通事故能否获赔商业险

——黄某诉财保北京公司财产保险合同案

【案件基本信息】

1. 裁判书字号

北京市西城区人民法院（2019）京0102民初7667号民事判决书

2. 案由：财产保险合同纠纷

3. 当事人

原告：黄某

被告：财保北京公司

【基本案情】

2018年5月，黄某向财保北京公司投保车损险。2018年10月19日23时，黄某驾驶被保险车辆与穆某驾驶的车辆在北京市海淀区某路段发生交通事故，造成被保险车辆受损，黄某支出修车费、车辆救援费共计2万余元。经交通管理部门认定，黄某对此次事故负全责。事故发生后，黄某向财保北京公司提出理赔申请。财保北京公司在理赔调查时发现，黄某于2016年在“滴滴出行”平台上注册。事故发生当天，黄某共承接网约车业务20多单，事故发生地距离刚完成的最后一单终点的距离约为5公里，黄某称事故发生时其在收车回家路上。财保北京公司以黄某改变被保险车辆使用性质为由拒绝在商业险项下承担保险责任。黄某认为，事故发生在其回家途中而非运营过程中，财保北京公司在黄某投保时并未就免责条款向其提示并合理说明，故不发生效力，财保北京公司拒赔理由不成立，故诉至法院。

【案件焦点】

1. 黄某是否变更了被保险车辆的使用性质；2. 财保北京公司对涉案事故造成的损失是否应承担保险赔偿责任。

【法院裁判要旨】

北京市西城区人民法院经审理认为：保险合同为双务合同，保险费与保险赔偿金为对价关系，保险人依据投保人告知的情况，评估危险程度而决定是否承保以及收取保险费的多少。保险合同订立后，如果危险程度显著增加，保险事故发生的概率超过了保险人在订立保险合同时对事故发生的合理预估，如果仍然按照之前保险合同的约定要求保险人承担保险责任，对保险人有失公平。在当前车辆保险领域内，财保北京公司根据被保险车辆的用途，将其分为家庭自用和营运车辆两种，并设置了不同的保险费费率。相较于家庭自用车辆，营运车辆的运行里程多，使用频率高，故无论从社会常识的角度还是财保北京公司对风险的预估角度，营运车辆发生保险事故的概率更大，因而营运车辆的保费远高于家庭自用的车辆保费。以家庭自用名义投保的车辆，从事营运活动，致使车辆的风险显著增加，投保人应当及时通知财保北京公司，财保北京公司可以增加保费或者解除合同并返还剩余保费。

本案中，黄某在财保北京公司工作人员对其所作的询问笔录中表示，其在购买涉诉车辆当年注册了滴滴网约车业务，该车辆主要用于跑业务和代步。此外，黄某认可事发当日从事滴滴网约车运营20多单，但表示事故发生在收车后回家途中而非运营过程中，距离最后一单目的地5公里左右。根据生活常识可知，网约车业务的各笔订单之间不可能完全实现地理位置和时间的无缝对接，司机在拉完一单业务后，通常车辆会处于巡游状态，以便等待网约车平台派发下一个订单。虽然黄某表示事故发生在其回家途中而非运营过程中，但这无法排除其当时正处于等待下一个订单过程中的合理怀疑。即使黄某确已收车，也无法改变其更改车辆使用性质的事实。据此，法院认定黄某擅自变更车辆使用性质。

综上所述，黄某擅自改变被保险车辆的使用性质，从事营运行为，导致保险标的的危险程度显著增加且未通知财保北京公司，诉争保险事故系因其从事营运活动造成，故财保北京公司不应承担保险金赔偿责任，黄某的诉讼请求不能成立，应予驳回。

北京市西城区人民法院依照《中华人民共和国保险法》第五十二条、《中华人民共和国民事诉讼法》第六十四条第一款之规定，作出如下判决：

驳回黄某的诉讼请求。

【法官后语】

《中华人民共和国保险法》第五十二条规定："在合同有效期内，保险标的的危险程度显著增加的，被保险人应当按照合同约定及时通知保险人，保险人可以按照合同约定增加保险费或者解除合同。保险人解除合同的，应当将已收取的保险费，按照合同约定扣除自保险责任开始之日起至合同解除之日止应收的部分后，退还投保人。被保险人未履行前款规定的通知义务的，因保险标的的危险程度显著增加而发生的保险事故，保险人不承担赔偿保险金的责任。"在财保北京公司与投保人签订的保险合同中，财保北京公司提供的商业保险条款通常约定，被保险机动车改变使用性质，被保险人、受让人未及时通知保险人，且因改变使用性质等导致被保险机动车危险程度显著增加的，保险人不负责赔偿。因此，一般来说，如果以家庭自用车辆名义投保的车辆从事营运活动，会致使车辆的风险显著增加，投保人应当及时通知财保北京公司，财保北京公司可以增加保费或者解除合同并返还剩余保费；如果投保人未及时通知财保北京公司，则财保北京公司不承担赔偿责任。但是，由于网约车往往会在非营运和营运状态之间进行转换，所以在涉及网约车保险纠纷的具体案件中，车辆是否具备营运性质，是否达到"危险程度显著增加"的程度，成为很多纠纷的争议焦点。

《最高人民法院关于适用〈中华人民共和国保险法〉若干问题的解释（四）》第四条列举了保险标的"危险程度显著增加"的情形，包括用途的改变、所处环境的变化、适用范围的改变、因改装等原因引起的变化、使用人或管理人的改变等。该条将"危险程度显著增加"的情形进行类型化，更利于法官的判断。上述列举的情形仅是法官认定"危险显著增加"时的考量因素，实质判断标准仍是"危险增加的程度超过保险人承保时可预见的范围足以影响保险人决定是否继续承保或者提高保险费率”。第四条第二款规定，保险标的危险的增加属于保险合同订立时保险人预见或应当预见的，不构成危险程度的增加。

由网约车的经营特点可知，网约车业务的各笔订单之间不可能完全实现地理位置和时间的无缝对接，司机在完成一单业务后，通常车辆会处于巡游状态，直至接到下一个订单。因此，即便网约车发生事故时并未处于搭载乘客的状态，也无法排除其仍可以等待并承接下一个订单的可能性，即无法以该事实否定车辆的营运性质。人民法院可根据车辆的运营记录等证据，综合判断和认定事故发生时车辆的使用性质。2019年，本案作为典型案例以新闻通报会形式向社会发布后，西城法院受理的多起涉网约车保险案件均以调解方式予以解决。此后，此类案件的收案量大幅下降，在诉源治理上取得了良好的社会示范效果。

编写人：北京市西城区人民法院　甘琳

24

保险人援引的免责条款应具有合理性和关联性

——秦龙公司诉人寿镇江公司保险合同案

【案件基本信息】

1. 裁判书字号

江苏省镇江市中级人民法院（2019）苏11民终3661号民事判决书

2. 案由：保险合同纠纷

3. 当事人

原告（被上诉人）：秦龙公司

被告（上诉人）：人寿镇江公司

【基本案情】

2019年4月16日，范某驾驶秦龙公司的A号小型轿车，沿243省道由东向西方向行驶，行驶至句容市郭庄区域赤山湖大桥地段时，与同向行驶的周某所驾驶的

B号小型普通客车发生追尾碰撞，致两车受损的交通事故。经交警认定，范某承担事故全部责任。秦龙公司的小型轿车在人寿镇江公司处投保交强险及车损险581660元、商业三者险2000000元，均投保不计免赔险种，事故发生在保险期间内。经人寿镇江公司定损，秦龙公司实际支出维修费为61840元（含B号车维修费8200元）。

人寿镇江公司提供的商业险保险条款中的责任免除条款约定，“发生保险事故时被保险机动车未按规定检验或者检验不合格”，保险人不负赔偿责任。因秦龙公司的小型轿车在事故发生时未进行年检，事故后经年检才取得合格证。人寿镇江公司以秦龙公司车辆逾期年检违反了上述保险免责条款的约定为由拒绝赔付。秦龙公司认为，其公司车辆虽然年检逾期，但并非导致事故发生的原因，人寿镇江公司不能免责，诉至法院，请求判令人寿镇江公司赔付保险金61840元。

【案件焦点】

1. 保险人提供的案涉免责条款是否合理；2. 免责条款应否与保险事故间存在关联性。

【法院裁判要旨】

江苏省丹阳市人民法院经审理认为：秦龙公司车辆在保险期间内发生保险事故，人寿镇江公司应按约赔付保险金。人寿镇江公司提供的商业险免责条款未区分车辆未年检和年检不合格两种情形，均不负责赔偿，存在不合理之处。机动车检验不合格会增加风险发生的概率，但是合格的车辆未年检不会增加风险发生概率。本案中，秦龙公司车辆在事故后年检合格，并不存在安全隐患，非导致事故的原因。在此情况下，保险人依然以未年检为由主张免责，已经明显超出保险人控制经营风险的合理需要，不符合公平原则及被保险人的合理期待，该格式条款减轻了保险人自身责任而加重了投保人责任，应为无效条款，故对人寿镇江公司的抗辩意见不予支持。秦龙公司主张的损失金额61840元，事实清楚，证据充分，予以支持。

江苏省丹阳市人民法院依照《中华人民共和国保险法》第十四条、第十九条、第六十五条第四款，《中华人民共和国民事诉讼法》第一百四十二条的规定，作出如下判决：

人寿镇江公司于判决生效后十日内赔付秦龙公司保险金61840元。

二审法院基本同意一审法院裁判意见。

【法官后语】

1. 保险人提供的案涉免责条款是否合理

《中华人民共和国保险法》第十九条规定："采用保险人提供的格式条款订立的保险合同中的下列条款无效：（一）免除保险人依法应承担的义务或者加重投保人、被保险人责任的；（二）排除投保人、被保险人或者受益人依法享有的权利。"所以，保险人制定的保险免责条款不得约定排除保险人的法定义务或者投保人、被保险人的法定权利，条款还应符合合理性判断标准，对投保人、被保险人一方不能显失公平。其中的"加重投保人、被保险人责任的"，即属于合理性判断，判断标准为该条款给投保人、被保险人设定的责任或义务超出正常合理要求，对投保人、被保险人构成显失公平的负担。判断的基础是诚实信用和利益平衡，事实依据则是具体保险类型在承保理赔等方面的要求和当事人的经济地位、履约能力等因素。

本案中，保险人将"未按规定检验或者检验不合格"作为免责条款，从合理性判断的角度，一、二审法院都认为案涉条款未区分车辆未年检和年检不合格两种情形，保险人均不负责赔偿，存在不合理之处。对于年检不合格的情形来说，显然会大大增加风险发生的概率，保险人将其作为免责事由具有合理性。但对于车辆未年检的情形，并不一定会增加风险发生的概率，应区分情形看待：

第一，车辆经公安检验事故前就存在安全隐患，此种情形等同于年检不合格的约定，保险人可以免责；第二，车辆经检验不存在安全隐患，因而也不可能成为事故原因，已经明显超出保险人控制经营风险的合理需要，不符合被保险人的合理期待，存在当事人权利义务失衡的情况，显失公平，保险人以此主张免责不尽合理；第三，车辆未经检验或者无法检验出事故前是否存在安全隐患，则不利后果应由被保险人承担，保险人可以免责。因此，保险人在车辆未年检的情况下约定一概免责并不合理，属于"加重投保人、被保险人责任的"约定，应认定为无效条款，这也是一审法院的裁判思路。

2. 免责条款应否与保险事故间存在关联性

保险人按约承担或按约免除保险责任，应是发生的事故按约属于保险事故，保险人所援引的免责条款应与保险事故存在关联性才能以此免责。在保险实务中，可以近因原则确定关联性。近因原则是指保险人只有在造成损失的最直接、最有效原因为承保范围内的保险事故时才承担保险责任，对承保范围外的原因引起的损失，不负赔偿责任。

本案中，通过交警制作的事故责任认定书反映事故原因是被保险车辆驾驶员未遵守交通法规，尽到谨慎驾驶义务，而追尾前方车辆。且经过事故后补充年检，未发现车辆存有安全隐患，故被保险车辆受损系驾驶员未尽到谨慎驾驶义务的原因，是保险人应负赔偿责任的近因。保险人以非近因的免责事由（车辆未经年检）拒绝承担保险责任，该免责条款与保险事故及保险人在本案中应承担的保险责任之间并不具有关联性，若能以此免责，对投保人、被保险人来说亦显失公平，并不合理。

编写人：江苏省丹阳市人民法院　周强　陈庆

（二）其他财产保险纠纷

25

保单仅载明“仅限符合安全运输要求”，能否认定保险人尽到了提示、说明义务

——风景物流公司诉天安财保公司保险合同案

【案件基本信息】

1. 裁判书字号

重庆市第五中级人民法院（2019）渝 05 民终 5038 号民事判决书

2. 案由：保险合同纠纷

3. 当事人

原告（上诉人）：风景物流公司

被告（被上诉人）：天安财保公司

【基本案情】

2018年5月4日，风景物流公司向天安财保公司投保货物运输定期保险，保单约定：覆盖的运输方式，仅限符合安全运输要求的公路运输；在中华人民共和国境内（港、澳、台除外）以外地区发生的事故及造成的损失均为本保单除外责任；下列货物的损失不在本保险覆盖范围内：鲜花、血液制品、烟火爆竹……风景物流公司还向天安财保公司盖章承诺保险人已经就本投保单及所附的保险条款的内容做了明确说明。2018年8月8日19时17分，风景物流公司投保车辆运输钢材至西城大道白居寺轻轨站点时，因避让摩托车操作不当将车内货物洒落，造成货物损失。

另查明，重庆平正保险公估有限公司于2019年1月25日出具《保险公估报告》，第六页载明根据车辆行驶证信息得知，承运车辆的核载重量为14950千克，而实际货物重量为38895千克，属于超载。

【案件焦点】

保单仅载明“仅限符合安全运输要求”，能否认定保险人就“仅限符合安全运输要求”“禁止超载”尽到了提示、说明义务。

【法院裁判要旨】

重庆市大渡口区人民法院经审理认为：根据《中华人民共和国道路交通安全法》第四十八条规定，机动车载物应当符合核定的载质量，严禁超载。风景物流公司的车辆属于超载。根据保险合同约定，该车辆不符合安全运输的情形，不在保险公司的赔偿范围之内。

重庆市大渡口区人民法院依照《中华人民共和国道路交通安全法》第四十八条，《中华人民共和国合同法》第八条，《中华人民共和国民事诉讼法》第三十九条、第一百四十二条之规定，作出判决：

驳回风景物流公司的全部诉讼请求。

风景物流公司不服一审判决，提起上诉。重庆市第五中级人民法院经审理认为：在保险合同关系中，投保人在实际缔约上处于弱势地位。根据格式合同条款订入原理，未通过合理途径让对方知悉的条款不能够成为合同内容而发生效力。本案中，保单约定“仅限符合安全运输要求的公路运输”系承保范围的约定，并非免责条款。但是，因承保范围条款系对承保范围之外的事件均不承担责任，对投保人或被保险人更属不利，故至少应苛以保险人对免责条款和承保范围条款同等的提示、说明义务。从保单内容来看，免责条款以列举方式对免责事由进行详细的列举，对承保范围却以“仅限符合安全运输要求的公路运输”概括方式进行规定。如果保险人不进行列举式的提示和说明，可能导致投保人的合同目的不能实现。现有证据不能证明保险人已经就符合安全运输要求的行为，对投保人进行足以让投保人明确其权利和相应义务的提示、说明，该条款不能够成为合同内容而发生效力。天安财保公司应按照保单约定承担保险责任。

重庆市第五中级人民法院依照《中华人民共和国合同法》第三十九条、《中华人民共和国保险法》第十七条、《中华人民共和国民事诉讼法》第一百七十条第一款第二项规定，作出如下判决：

一、撤销重庆市大渡口区人民法院（2019）渝 0104 民初 1353 号民事判决；

二、天安财保公司于本判决生效后十日内向风景物流公司给付保险金 82116.9 元。

【法官后语】

本案的争议焦点在于保险人是否就“仅限符合安全运输要求”“禁止超载”尽到了提示、说明义务。笔者将从承保范围条款的限定内容功能、被保险人投保目的、法律禁止性规定情形作为承保范围条款限定内容的提示、说明程度几个方面来阐述这一问题。

1. 承保范围条款的限定内容功能

对本案保险人而言，承保范围条款与免责条款共同筑起了保险人不承担责任的防护墙。承保范围条款的限定内容进一步缩减了保险人承担保险责任的范围，“仅限符合安全运输要求”意味着对“符合安全运输要求”之外的公路运输均不承担责任，对投保人更属不利。保险法及相关司法解释就免责条款对保险人苛以了提示、说明义务。依同类事务同等对待的法理以及最大诚信原则之要求，保险人应就承保范围条款的限定内容尽到与免责条款同等程度的提示、说明。否则，“仅限符合安全运输要求”对投保人不产生效力。

2. 被保险人投保目的

被保险人投保目的在于其遭遇危险事故时由社会团体成员共担损失。被保险人意图通过较小的代价换取可靠的保障，以便无后顾之忧地从事有益活动。关于公路运输的安全运输要求，从规范体系角度观之，有法律、行政法规、部门规章、地方政府规章、被保险人内部安全管理等规定。从安全运输要求内容来看，除严禁超载外，还涉及营运驾驶员资质、营运车辆安全结构及性能、高速公路行驶、低能见度气象条件行驶等宽泛内容。理性的被保险人当然清楚其在公路运输过程中可能存在不符合安全运输要求的情形。如此宽泛的注意义务与理性被保险人的投保目的显然不符。保险人提供的格式条款仅载明“仅限符合安全运输要求”过于笼统、概括，不宜认定保险人对被保险人尽到了提示、说明义务。

3. 法律禁止性规定情形作为承保范围条款限定内容的提示、说明程度

行为人违反法律禁止性规定，并不当然对保险合同产生影响。保险人如未将禁止性内容作为承保范围条款的限定内容向投保人进行提示、说明，投保人也无从知悉违反禁止性规定将逸出保险覆盖范围。承保范围条款的限定内容、免责条款均关乎保险人是否承担保险责任。保险人应就法律禁止性规定情形作为承保范围的限定内容尽到与法律禁止性规定作为免责事由同等程度的提示、说明。超载属于道路交通安全法明文禁止的情形，保险人无需作出明确说明，但是，保险人仍应就禁止超载进行提示、说明。本案中，保单上无禁止超载或涉及超载的字样，“仅限符合安全运输要求”与禁止超载缺乏直接关联。尤其是保单中其他保险人不承担责任条款均是以详细列明的方式作出表述。无论是从禁止超载意思的清晰程度，还是与保险人其他不承担责任条款表述的同一性来看，“仅限符合安全运输要求”不会使投保人对禁止超载情形给予关注。

综上，保险人并未就承保范围条款的限定内容“仅限符合安全运输要求”以及禁止超载尽到提示、说明义务，该内容对投保人不产生效力。

编写人：重庆市第五中级人民法院 柳光洪 杨曦

26

财产损失险和责任险的区别与适用

——敏捷物流公司诉财保泉州支公司财产保险合同案

【案件基本信息】

1. 调解书字号

福建省泉州市中级人民法院（2019）闽05民终6203号民事调解书

2. 案由：财产保险合同纠纷

3. 当事人

原告（被上诉人）：敏捷物流公司

被告（上诉人）：财保泉州支公司

【基本案情】

2016年8月8日，敏捷物流公司与财保泉州支公司签订《财产保险综合险保险单》，约定：保险标的包括机器设备、建筑物、流动资产；总保险金额3007万元，总保险费33077元；保险期间：自2016年8月27日零时起至2017年8月26日二十四时止；特别约定：本保单每次事故绝对免赔额为2000元或损失金额的10%，二者以高者为准；本保单适用《财产综合险保险条款》。敏捷物流公司依约交纳保费33077元给财保泉州支公司。2016年9月15日，敏捷物流公司的财产受台风“莫兰蒂”影响遭受损失。财保泉州支公司委托某公估公司对敏捷物流公司财产因台风、暴雨遭受的损失进行评估。某公估公司经查勘现场，对财产受损情况进行清点、统计记录，并于10月6日出具《敏捷物流公司2016年9月15日莫兰蒂台风、暴雨致损案的核损说明》，主要内容为：存货损失金额1382368.95元；房屋建筑核损199567元；机器设备核损4800元；受损的存货按折旧处理无残余价值，受损的房屋建筑预估残值为3000元。2019年4月15日，某公估公司出具《定损报告》，公估意见为：损失金额1586735.95元，其中监控设备4800元，钢结构厂房199567

元，流动资产1382368.95元；钢结构厂房残余价值3000元；免赔额136587.46元，理算金额1229287.14元。财保泉州支公司以敏捷物流公司受损的流动资产是第三者的财产，敏捷物流公司提供的证据不能证明其实际赔偿第三者为由拒绝赔偿原告保险金。敏捷物流公司遂提起诉讼，请求财保泉州支公司赔偿原告损失1586735.95元及利息。又查明，敏捷物流公司的经营范围为道路货物运输、其他仓储业等。因台风莫兰蒂遭受的损失的货物为敏捷物流公司保管的货物。

【案件焦点】

1. 投保人能否对其保管的他人财产向保险人投保财产综合险；2. 财产综合险的标的是被保险人保管的第三者财产的，损失是以投保财产的实际损失为准，还是以被保险人对第三者应负的赔偿数额为准。

【法院裁判要旨】

福建省南安市人民法院经审理认为：2016年9月15日，台风"莫兰蒂"造成敏捷物流公司的财产损失。台风属于保险条款约定的保险事故，该保险事故发生于保险期间内，对事故造成的保险标的损失，财保泉州支公司应依照财产综合险条款约定赔偿保险金。财保泉州支公司主张某公估公司作出的《定损报告》关于存货损失1382368.95元的评估意见证据不足、事实不清。敏捷物流公司因台风受损的存货是其基于仓储合同而保管的存货人的财产。根据《财产综合险保险条款》，由被保险人经营管理或替他人保管的财产可作为保险标的。某公估公司在对受损货物项目、数量进行了清点、统计的基础上，就货物的实际损失作出评估。财保泉州支公司对评估报告关于受损货物项目、数量、评估价值没有异议，该评估结论具有真实性、客观性，可以作为认定货物损失的依据。至于敏捷物流公司与存货人的仓储合同关系属另一法律关系，不影响敏捷物流公司基于财产综合险投保人享有的向保险人主张赔偿保险金的权利。敏捷物流公司因台风所受保险标的的损失共计1586735.95元，扣除残值及按免赔率10%计算的免赔额，财保泉州支公司应支付敏捷物流公司保险金1229287.14元，并赔偿未及时支付保险金造成的利息损失。

福建省南安市人民法院依照《中华人民共和国合同法》第三十九条第二款、第四十四条、第六十条，《中华人民共和国保险法》第二条、第十三条、第十四条、第十八条、第二十三条、第五十五条，《最高人民法院关于民事诉讼证据的若干规定》第二十九条的规定，作出如下判决：

一、财保泉州支公司应于本判决生效后十日内支付敏捷物流公司保险金1229287.14元，并赔偿未及时支付保险金造成敏捷物流公司的损失；

二、驳回敏捷物流公司的其他诉讼请求。

财保泉州支公司不服一审判决，提起上诉。二审期间，经福建省泉州市中级人民法院主持调解，当事人自愿达成协议：

敏捷物流公司与财保泉州支公司双方共同确认本案保险理赔金额按110万元调解，由财保泉州支公司于2020年1月25日前一次性支付110万元给敏捷物流公司。款项付清后，敏捷物流公司与财保泉州支公司的纠纷就此了结。

【法官后语】

本案处理重点在于财产损失险和责任险的区别适用。本案财保泉州支公司对保险公估公司出具的《定损报告》关于房屋建筑、机器设备损失的评估意见没有异议，但对存货损失的评估意见不予认可，认为原告与案外第三者达成补偿协议，以现金方式支付补偿款证据不足，要求原告提供仓储合同及通过银行转账支付赔偿款的证据，否则不予赔偿。保险公司的主张混淆了财产损失险和责任险，违反了财产综合险保险条款，不应予以支持。

财产损失险和责任险的主要区别在于，责任险的标的是被保险人对第三人依法应负的赔偿责任。《中华人民共和国保险法》第六十五条第二款、第三款规定，责任保险的被保险人给第三者造成损害，被保险人对第三者应负的赔偿责任确定的，根据被保险人的请求，保险人应当直接向该第三者赔偿保险金。被保险人怠于请求的，第三者有权就其应获赔偿部分直接向保险人请求赔偿保险金。责任保险的被保险人给第三者造成损害，被保险人未向该第三者赔偿的，保险人不得向被保险人赔偿保险金。根据《最高人民法院关于适用〈中华人民共和国保险法〉若干问题的解释（四）》第十四条、第十九条规定，被保险人对第三者应负的赔偿责任的确定方式包括经人民法院生效裁判、仲裁裁决，以及被保险人与第三者协商一致。被保险人与第三者就赔偿责任协商达成和解协议，未经保险人认可的，保险人有权对保险责任范围、赔偿数额重新予以核定。因此，责任保险的被保险人要求保险人将保险金支付给被保险人的，应当先行向第三者赔偿，保险人有权要求被保险人提供先行赔偿第三者的证据。被保险人对第三者应负的赔偿责任如果是通过与第三者自行达成协议方式确定、未经保险人认可的，保险人有权就被保险人与第三者的赔偿协议提出抗辩，对保险责任范围、赔偿数额重新予以核定；而财产损失险的标的为与投保人具有保险利益的财产。保险利益是指投保人或被保险人对保险标的所具有的法律上或事实上的利益。根据《中国人寿财产保险股份有限公司财产综合险条款》，由被保险人经营管理或替他人保管的财产可作为财产综合险的保险标的。

本案原告投保的并非责任险，而是财产损失险。敏捷物流公司的经营范围为道路货物运输及仓储业，其将公司基于仓储合同保管的他人的货物投保财产综合险，符合财产综合险保险条款规定。财产损失险的保险人应依照保险合同约定，对保险期间内因保险事故造成的保险标的的损失承担赔偿责任。保险标的损失的数额亦应以保险合同约定的保险价值计算方式计算，而不是以被保险人对第三者应负的赔偿数额为准。被保险人与存货人的仓储合同关系属另一法律关系，不影响投保人将其保管的货物向保险人投保财产综合险，基于财产保险合同投保人享有的向保险人主张赔偿保险金的权利。被告对保险公估公司的评估报告关于受损货物项目、数量、评估价值没有异议，应当据此赔偿，而不得以被保险人自行与第三者达成赔偿协议，未经保险人认可，赔偿责任、赔偿数额不能确定为由拒绝赔偿。

编写人：福建省南安市人民法院　尤江岚

27

出口信用保险“知险后出运”免赔条款适用的司法认定

——宝雄公司诉中信保重庆营业部、中信保公司进出口信用保险合同案

【案件基本信息】

1. 裁判书字号

重庆市第一中级人民法院（2019）渝01民终1135号民事判决书

2. 案由：进出口信用保险合同纠纷

3. 当事人

原告（被上诉人）：宝雄公司

被告（上诉人）：中信保重庆营业部、中信保公司

【基本案情】

2011 年 5 月 17 日，中信保公司下属分支机构中信保重庆营业部向宝雄公司签发《短期出口信用保险综合保险单》等文件，双方建立保险合同关系。宝雄公司作出《投保人声明》称，保险人签发本保险单时已就全部内容特别是免除或限制保险人责任内容提示注意，并作出了明确说明，投保人确认充分理解并无异议等。双方在保险合同中约定，被保险人知道或应当知道买方破产或无力偿付债务、买方拖欠货款、买方拒绝接受货物等风险已经发生，或者由于买方根本违反销售合同或预期违反销售合同，被保险人仍继续向买方出口所遭受的损失，保险人不承担赔偿责任。2014 年 4 月 25 日，中信保重庆营业部向宝雄公司签发《续转批单》，载明保单有效期为 2014 年 5 月 1 日至 2015 年 4 月 30 日。2015 年 4 月 14 日，中信保重庆营业部向宝雄公司签发《短期出口信用保险续转保险单明细表》，载明保单有效期为 2015 年 5 月 1 日至 2016 年 4 月 30 日。

2015 年 3 月 23 日至 5 月 17 日，宝雄公司向巴西买方按批次出口货物，巴西买方未按约定足额支付货款，宝雄公司遂向中信保重庆营业部发出可能损失通知书，表明买方拖欠货款，存在可能损失金额。2015 年 10 月 19 日，宝雄公司致函中信保重庆营业部，表明其出口货物到巴西，由于巴西国内货币兑换美元汇率走高，影响付款汇率，目前尚有部分货款未支付等。其后，宝雄公司向中信保重庆营业部申请理赔，中信保重庆营业部向宝雄公司出具《可损/理赔处理意见书》载明，经我公司委托渠道介入调查，存在迟报可损、知险后出运的问题。2016 年 6 月 27 日，中信保重庆营业部向宝雄公司发出《复函》载明，本案暂不定损核赔是因为贵公司存在迟报可损、知险后出运等；根据以往案件追偿经验，结合巴西 2015 年以来的整体经济环境和汇率情况，买家按照邮件中提及的还款时间支付款项的可能性存疑等。

另查明，2015 年 8 月 10 日至 2017 年 10 月 19 日，巴西买方与宝雄公司多次通

过往来邮件等方式磋商付款事宜。庭审中，宝雄公司主张巴西买方拖欠货款金额为185614.36 美元，其中 2014 年 4 月 25 日《续转批单》项下出口拖欠货款 104200.49 美元，2015 年 4 月 14 日《短期出口信用保险续转保险单明细表》项下出口拖欠货款 81413.87 美元。

【案件焦点】

宝雄公司与巴西买方的进出口贸易中，巴西买方未按照约定及时足额支付货款，宝雄公司仍出口货物，由此未收回的货款，中信保重庆营业部是否可援引保险合同中“知险后出运”免赔条款的约定，拒绝赔付对应保险赔偿金。

【法院裁判要旨】

重庆市江北区人民法院经审理认为：宝雄公司与中信保重庆营业部形成保险合同关系，保险合同合法有效。诉争出口系保险期间发生，根据已查明的事实，巴西买方虽然提出质量争议，但仍支付了部分货款并提出分期还款计划，未足额支付货款的原因为巴西经济恶化及买方下游无回款。信用保险的目的是鼓励和促进贸易而非阻碍贸易，在买卖双方存在长期贸易往来的活动中，买方暂时欠付货款的赊销型贸易较为普遍，不能以买方未及时结清货款而要求卖方拒绝或中止供货，否则将妨碍贸易活动，违反信用保险的宗旨。本案中宝雄公司与巴西买方之间非一次性即时结清买卖，双方存在持续性合同关系，无证据显示巴西买方资力及信用状况恶化，且其仍继续清偿债务，故宝雄公司不当然有权拒绝继续供货，中信保重庆营业部不能以宝雄公司“知险后出运”主张免责。

重庆市江北区人民法院依照《中华人民共和国民法总则》第七十四条、《中华人民共和国合同法》第四十四条、《中华人民共和国保险法》第二十三条和《最高人民法院关于适用〈中华人民共和国合同法〉若干问题的解释（二）》第二十条之规定，判决：

一、中信保重庆营业部于本判决生效之日起十日内支付宝雄公司保险赔偿金 73272.48 美元；若中信保重庆营业部管理的财产不足以履行前述义务，中信保公司对中信保重庆营业部不足清偿部分承担清偿责任；

二、驳回宝雄公司的其他诉讼请求。

中信保重庆营业部、中信保公司不服，提起上诉。重庆市第一中级人民法院经审理认为：首先，宝雄公司仅在第一次签订保险合同时签署了《投保人声明》，在后续的续签时，未再次作出声明，中信保重庆营业部未就免除或限制保险人责任的条款尽到足够的提示说明义务。其次，即便保险人已尽提示说明义务，在保险期间，宝雄公司与巴西买方之间在持续性合同关系中形成了未按约定时间、金额付款及持续滚动付款的交易习惯，此处二审法院同意一审法院的意见，认为中信保重庆营业部不能以宝雄公司“知险后出运”主张免责。

重庆市第一中级人民法院依照《中华人民共和国民事诉讼法》第一百七十条第一款第一项之规定，判决：

驳回上诉，维持原判。

【法官后语】

1. 出口信用保险及“知险后出运”条款的背景及意义

出口信用保险，指保险人对被保险人在保险期限内出口货物后，出口买受方拒绝或不能履行付款义务时，所遭受的经济损失承担赔偿责任的保险方式。出口信用保险是各国政府推动本国出口和对外投资、保障本国出口商和投资者权益、由国家财政提供保险风险基金的政策性保险业务。在当前全球经济一体化的时代背景下，国际贸易日趋频繁，出口信用保险在促进国家对外经济贸易与海外投资增长、支持企业“走出去”等方面，发挥着重要作用。

实践中，出口信用保险合同通常会约定“知险后出运”为保险人免责事由，即对被保险人（卖方）知道或应当知道买方破产或无力偿付债务、买方拖欠货款、买方拒绝接受货物等风险，或者由于买方根本违反或预期违反销售合同，被保险人仍继续向买方出口所遭受的损失，保险人不承担赔偿责任。“知险后出运”系免除保险人责任的条款，对其认定和风险揭示应秉持审慎态度：过于严苛可能导致约定名存实亡，不能达到预期目的；过于宽泛则可能对被保险人保护造成不良影响，降低出口信用保险的制度应用，甚至可能阻碍国际出口贸易。

2. “知险后出运”免责事由的认定

保险具有补偿性，约定“知险后出运”免责条款，目的应为平衡保险人与投保人利益，避免投保人故意或滥用保险骗取保险金，符合公平原则和诚实信用原则。当前我国保险法律法规未对“知险后出运”作明确规定，人民法院在认定时，应从两方面标准入手：(1) 该风险应具有可预见性。临时的、突发的、被保险人不可预见的风险不能作此认定。另，对于从事特定领域或行业相关领域的被保险人，风险预见性和注意义务应当高于一般人。(2) 该风险应具有较大的实际发生可能性。若出口贸易双方长期交易，存在滚动付款的交易习惯，则买方虽有未按约支付的货款，但卖方有足够理由相信依照交易习惯可以继续交易，不能仅因卖方有未收回的货款而继续出货就认定“知险后出运”。

本案中，宝雄公司多次向巴西买方出口货物，双方之间存在持续性合同关系，且非单次发货付款即时结清，而是宝雄公司间断发货，巴西买方连续付款对之前货款予以抵扣，即双方存在持续滚动付款的交易习惯。基于此，在巴西买方并无预期违约、经济状况明显恶化等情况下，宝雄公司并不能当然预见到不能收回货款的风险。此时保险人不能仅以买方未及时付款，而卖方又继续交易发货的情况主张“知险后出运”拒绝赔付。

3. 保险人对“知险后出运”条款应尽提示说明义务

对保险合同中免除保险人责任的条款，保险人在订立合同时应当作出足以引起投保人注意的提示，并作出明确说明；未作提示或者明确说明的，条款不产生效力。

在出口信用保险中约定的投保人“知险后出运”系免除保险人责任的条款。本案中，中信保重庆营业部仅在第一次签订保险合同时作出了提示和说明，由此法院认定其在续签时未尽免责条款提示说明义务。保险合同系格式合同，投保人在签订保险合同时作为弱势一方，对“知险后出运”这一免责条款，保险人的风险提示义务应当从严掌握，才能保护投保人合法利益，促进国际出口贸易发展。

编写人：重庆市第一中级人民法院　赵青　周旭丹　詹勤艳

28

火灾财产损失数额无法确定法官自由裁量权的运用

——洪泰公司诉人保滁州分公司财产保险合同案

【案件基本信息】

1. 裁判书字号

安徽省高级人民法院（2019）皖民终706号民事判决书

2. 案由：财产保险合同纠纷

3. 当事人

原告（上诉人）：洪泰公司

被告（上诉人）：人保滁州分公司

【基本案情】

2014年8月1日，洪泰公司向人保滁州分公司投保了财产一切险（2009版），约定固定资产的保险金额/赔偿限额为2574500元，流动资产（存货）保险金额/赔偿限额为15000000元，均由出险时的市场价值确定保险价值。保险期限为12个月（2014年8月2日至2015年8月1日）。

2014年8月21日23时50分，洪泰公司发生火灾，全椒县公安消防大队赶赴现场进行扑救。火灾烧毁了厂房及制造毛刷用的木柄、猪鬃、毛刷半成品等。2015年6月12日，全椒县公安消防大队作出《火灾事故认定书》，认定如下：起火建筑为洪泰公司车间，火灾初起部位位于厂房西半边南侧，起火点位于车间南侧中部第2、3根钢柱附近处。可以排除自燃、玩火、雷击、用火不慎、电气线路故障等引发火灾事故的可能，不能排除遗留火种和外来火源引发火灾事故的可能。后洪泰公司依照合同约定向人保滁州分公司申请理赔无果后，于2015年4月10日向滁州市中级人民法院提起诉讼。历经滁州市中级人民法院一审、安徽省高级人民法院二审后发回重审、滁州市中级人民法院重新审理后，裁定驳回起诉移送公安机关。洪泰公司上诉后，安徽省高级人民法院裁定驳回上诉，维持一审裁定。之后，滁州市中级人民法院将本案移送全椒县公安分局侦查，该分局因在侦查过程中发现不应对犯罪嫌疑人追究刑事责任，决定撤销此案。洪泰公司收到该决定书后，即向最高人民法院申请再审。最高人民法院经审查后裁定驳回再审申请，认为洪泰公司涉嫌经济犯罪案被撤销，属于发生了新的事实，洪泰公司可以另行提起诉讼。

洪泰公司于2013年4月3日成立，注册资本100万元。2013年6月5日、6月9日，洪泰公司通过中国农业银行向淮安市楚州区新盛鬃刷厂汇款70万元。2013年7月15日、7月16日、8月13日，淮安市楚州区新盛鬃刷厂向洪泰公司开具了7张价值692428元的增值税发票，2013年9月27日，淮安市楚州区双德利鬃刷厂向洪泰公司开具了2张价值200224元的增值税发票，合计892652元的增值税发票。

【案件焦点】

火灾财产损失客观存在但无法鉴定，火灾赔损数额如何确定。

【法院裁判要旨】

安徽省滁州市中级人民法院经审理认为：财产保险合同是保险人根据合同的约定对被保险人因保险事故造成经济损失进行补偿的合同，用于弥补被保险人的实际经济损失。故人保滁州分公司的赔付保险金数额应以洪泰公司因火灾事故造成的实际损失确定。火灾事故发生后，双方为确定火灾造成的损失，共同委托深圳市泛华财产保险公估有限公司安徽分公司（以下简称泛华财险安徽分公司）对火灾损失进行公估理算。但泛华财险安徽分公司公估过程中存在违法情形，泛华财险安徽分公司出具的《保险公估终结报告》不能作为确定洪泰公司损失的定案依据。

案涉保险合同第二十五条约定，被保险人请求赔偿时，应向保险人提供财产损失清单、必要账簿等证据证明其损失财产的数额。洪泰公司所举证据并不足以证明其因火灾而遭受的实际损失数额，但洪泰公司遭受火灾客观属实，应该说洪泰公司账册、凭证不完整、不准确，仅根据其目前提供的材料无法判断发生火灾时该公司库存货物的情况，因此洪泰公司不规范经营导致失火时被烧毁财产的实际价值无法确定，洪泰公司存在一定的过错。而人保滁州分公司在核保时未认真进行核查，就与洪泰公司签订了高达 17574500 元的保险合同，人保滁州分公司亦存在一定的过错。综合考虑洪泰公司的资金情况、生产能力与库存匹配程度，兼顾双方当事人的过错程度等因素，根据公平原则和诚实信用原则，酌定人保滁州分公司赔付洪泰公司保险金 3000000 元及相应的利息。

安徽省滁州市中级人民法院依照《中华人民共和国合同法》第八条，《中华人民共和国保险法》第二条、第十四条、第五十五条第一款，《中华人民共和国民事诉讼法》第六十四条第一款的规定，判决如下：

一、人保滁州分公司于本判决生效后十日内赔付洪泰公司保险金 3000000 元及利息；

二、驳回洪泰公司的其他诉讼请求。

二审法院同意一审法院裁判意见。

【法官后语】

本案在审理过程中形成了两种意见：

第一种意见是应当驳回洪泰公司的诉讼请求。根据“谁主张，谁举证”的规则，虽然洪泰公司的损失客观存在，但洪泰公司并未举证证明其具体损失的金额，应承担举证不能的不利后果。

第二种意见是应当赔偿案涉财产损失。洪泰公司的损失客观存在，可以根据洪泰公司的资金情况、生产能力，兼顾双方当事人的过错程度等因素，在适当范围内酌情认定具体损失金额。

本案最后采用的是第二种意见。根据《中华法学大辞典》的解释，自由裁量权是法官根据正义、公平、正确和合理的原则，对案件酌情作出决定的权力。我国虽在立法中未明确规定自由裁量权，但自由裁量权的运用在审判实践中大量存在。定分止争，是法官的终极责任和职业准则，当遇到个别特殊案件时，法官不能以法无明文规定、法无巨细规定或事实不清楚为由拒绝裁判。然而，法律具有模糊性、滞后性和不周延性，法律的普遍性忽视了社会现象的特殊性，不能穷尽整个社会现象，这就需要法官结合立法精神并依据法律原则、规则等去发挥能动作用，在对事实认定、证据取舍、法律适用及程序处理上合理地行使自由裁量权。

本案中，洪泰公司火灾损失客观存在，第一次鉴定因出现违法情形，鉴定结论无法使用，而案涉物品已被火灾烧毁，其财产损失已不能通过司法鉴定等方式进行确定，导致具体损失金额无法认定。此种情况下，法官可以依据立法精神和公平、合理原则，秉持正确的司法理念和良知，遵循职业道德，结合案件间接证据及其他客观事实，遵循经验法则，运用逻辑推理，进行自由心证，在当事人诉请范围内，合理酌定应承担的赔偿金额。

而确定洪泰公司火灾时的损失，只有在账册、凭证等完整无缺失且能相互印证的情形下，才可能根据账册、凭证等确定失火时被烧毁财产的实际价值。洪泰公司的账册、凭证不完整、不准确，仅根据其目前提供的材料无法判断发生火灾时该公司库存货物的情况，但洪泰公司遭受火灾客观属实，一审法院通过合理运用证据规则、经济分析方法等手段，充分考虑洪泰公司资金情况、生产能力与库存匹配程度、双方当事人的过错等因素，根据公平原则和诚实信用原则，酌定人保滁州分公司赔付洪泰公司保险金及相应的利息。应该说，一审法院并未机械地适用证据规则，而是根据该案的实际情况酌定了火灾损失赔偿金额，既符合了立法精神、公平原则，又体现了法官的自由裁量，是合理运用法官自由心证来解决有关损害赔偿纠纷的有益尝试。

编写人：安徽省滁州市中级人民法院　邓见阁

29

险种错配时承运人对承运货物有无保险利益的认定

——贾某诉财保厦门分公司财产保险合同案

【案件基本信息】

1. 裁判书字号

福建省厦门市中级人民法院（2019）闽02民终3382号民事判决书

2. 案由：财产保险合同纠纷

3. 当事人

原告（上诉人）：贾某

被告（上诉人）：财保厦门分公司

第三人：蔡某

【基本案情】

蔡某与财保厦门分公司于2016年11月21日签订一份险种为货物损失险的《货物保险协议》，约定以蔡某为投保人，以实际货主为被保险人；保险险种及险别：国内水路、陆路货物运输保险条款——基本险；免赔额：免赔5000元或损失金额的20%，两者以高为准，火灾、翻车，全损或推定全损免赔35%（该条款作加黑处理）。2017年10月4日，贾某受案外人陈某的委托，承运14件价值198816元的进口大理石板货物。起运前，贾某在蔡某处以自己为被保险人购买了保险金额为20万元的上述险种，并向蔡某缴纳了200元保险费。蔡某通过网上申报投保成功后向贾某出具电子保险凭证，凭证载明：被保险人为贾某；货物名称为石材进口大理石大板；件数14件；起运地福建泉州，目的地甘肃兰州；保险金额20万元，保险费率及保险费按约定；特别约定：本保单投保时间为2017年10月5日23时46分11秒，保险责任以投保和起运时间的后发生者为准。电子保险凭证上保险人的签章落款时间为2017年10月4日。

2017年10月7日3时许，贾某驾驶途中，因操作不当发生单方事故，致车辆和运载货物受损，经交通部门认定贾某负事故全责。事故发生后，贾某向财保厦门分公司报案，财保厦门分公司拒绝理赔，遂成讼。

【案件焦点】

在货物运输保险中，承运人是否对所承运的货物享有保险利益。

【法院裁判要旨】

福建省厦门市思明区人民法院经审理认为：第一，诉争保险合同是否合法成立且有效。财保厦门分公司作为保险人与蔡某作为投保人签订货物运输预约保险协议（以下称保险协议），贾某向蔡某支付保险费，并取得电子保险凭证，该保单与保险协议所承保的险种一致。虽然保险协议中约定被保险人为实际货主，但贾某作为货物的运输人，承担货物运输过程中的毁损、灭失风险，故其对承运货物具有保险利益。该合同依法成立，合法有效。第二，诉争合同保险金额的认定问题。贾某及蔡某均认为保险金额为20万元，财保厦门分公司认为保险金额为10万元。根据投保单、缴纳的保费金额和电子保险凭证，应认定诉争保险合同的保险金额为20万元。财保厦门分公司对贾某持有的电子保险凭证真实性并未提出异议。虽然财保厦门分公司认为蔡某的修改申请是在事故发生（2017年10月7日）后提出的，但其提交的系统截图不足以证明其主张，且系统截图电子凭证上载明的投保时间和签章落款时间存在矛盾，不予采信。第三，本案贾某因事故产生的货物损失金额的认定问题。事故发生后贾某及时向财保厦门分公司报案出险。贾某已履行了出险后通知义务，财保厦门分公司未及时对损失进行核定，违反了《中华人民共和国保险法》第二十三条规定的保险人的及时核定义务，应视为其自愿放弃核损的权利。因蔡某与财保厦门分公司未约定保险标的的保险价值，故发生损失时，以保险事故发生时货物的实际价值为赔偿计算标准。第四，货物保险协议中的免赔额条款是否具有法律效力的问题。根据《最高人民法院关于适用〈中华人民共和国保险法〉若干问题的解释（二）》第九条第一款规定，本案货物保险协议对免赔额条款作了加黑处理，可视为财保厦门分公司对该条款作出足以引起投保人的注意的提示，且蔡某亦确认在双方签署保险协议之时财保厦门分公司对该条款已告知并明确说明，故本案货物保险协议中的免赔额条款合法有效。综上，按货物保险协议约定（“火灾、翻车，全损或推定全损免赔35%”）扣除免赔额后，财保厦门分公司应赔偿贾某保险金198816元×（1－35%）＝129230.4元。

福建省厦门市思明区人民法院依照《中华人民共和国保险法》第十二条第二款、第十四条、第十七条第二款、第二十条第一款、第二十三条第一款、第五十五条第二款，《中华人民共和国民事诉讼法》第六十四条第一款规定，作出如下判决：

一、财保厦门分公司应于本判决生效之日起十日内支付贾某保险金129230.4元；

二、驳回贾某的其他诉讼请求。

贾某、财保厦门分公司不服一审判决，提起上诉。福建省厦门市中级人民法院经审理认为：关于保险合同保险金额的认定，贾某持有的电子保险凭证加盖有财保厦门分公司的电子公章，该保险凭证上载明“保险金额为20万元、投保时间为2017年10月5日23时46分11秒”，结合蔡某填写、贾某签字确认的《货物运输保险投保单》及《货物运输、保险代办专用收据》等证据，可以认定讼争保险合同的保险金额为20万元。财保厦门分公司不否认贾某持有的电子保险凭证的真实性，且其提交的修改证据系来源于其内部系统截图，该截图上显示的修改时间与贾某持有的电子凭证上载明的投保时间和落款日期存在矛盾，故对其主张法院不予支持。

关于《货物保险协议》中约定的免赔额条款是否有效，案涉保险合同的投保人为蔡某，蔡某与财保厦门分公司签订的《货物保险协议》约定：火灾、翻车，全损或推定全损免赔35%，该约定属于保险法规定的免责条款。对该条款，财保厦门分公司已作了加黑处理，蔡某亦确认财保厦门分公司对该条款已进行了告知并明确说明，故法院认定财保厦门分公司已履行了提示及明确说明义务，该免责条款依法发生法律效力。一审法院据此计算免赔额并无不当。综上所述，本案讼争保险合同的保险金额为20万元，《货物保险协议》中约定的免赔额条款合法有效。

福建省厦门市中级人民法院依照《中华人民共和国民事诉讼法》第一百七十条第一款第一项规定，作出如下判决：

驳回上诉，维持原判。

【法官后语】

物流产业的发展推动了物流保险的兴起，广义的物流保险包括物流责任保险和货物运输保险。物流责任保险承保的是承运人的运输责任，货物运输保险承保的是在运货物。实践中，物流责任保险手续较为烦琐，有较高的免赔率，投保费用也高于货物运输保险，承运人因不具备专业的保险知识无法区分两者的差异，更倾向于购买货物运输保险。而保险公司为了业务的开展，与投保人签订框架协议，以承运人为被保险人，由投保人在保险公司系统上进行在线投保，事实上促成了“险种错配”的现象。一旦出险，保险公司再以承运人对所承运货物不享有保险利益而拒绝赔付，由此引发了承运人在“险种错配”的情况下是否具有保险利益的争议。一种观点认为，承运人在货物运输保险中不具有保险利益，不应列为被保险人，保险人应承担缔约过失的责任；另一种观点则认为，承运人负有将货物及时、安全送抵目的地的职责，基于与托运人的运输合同，承运人具有保险利益，且保险人明知承运人对货物不享有所有权依旧承保，即放弃了“险种错配”的抗辩权，应承担出险时的理赔责任。

依据《中华人民共和国保险法》第十二条的规定，财产保险的被保险人在保险事故发生时，对保险标的应当具有保险利益。财产保险是以财产及其有关利益为保险标的的保险。保险利益是指投保人或者被保险人对保险标的具有的法律上承认的利益。在以承运人作为被保险人的货物运输保险中，虽然承运人不享有所承运货物的财产利益，但是托运人将货物转移给承运人后，承运人要担负起保障托运人货物所有权完满性的责任，一旦货物在运输途中毁损、灭失，托运人的所有权会受到损害，承运人势必也将承担相应的民事侵权责任，受到财产损失。因此，承运人承担了在运输途中确保货物安全的职责，这既是职责利益，也是财产利益。易言之，在货物运输保险中，承运人对所承运货物的保险利益来源于保险事故发生时承运人将遭受到财产上的不利益 。

当前，“险种错配”的现象不在少数，其根源在于保险合同关系的不平等性以及保险公司的逐利本质，不同险种的承保范围的模糊、保费和免赔额的差异容易误导投保人和被保险人掉进保险人设置的“陷阱”。若贸然否定承运人在货物运输保险中的保险利益将不利于保险行业投保审单流程的规范运行，也不利于保护保险合同的稳定性，甚至会助长保险公司“故意承保又拒保”的不良商业行为。反之，承认承运人的保险利益既尊重了保险领域的民事法律关系下意思自治的自由，保护了被保险人的保险利益，又能刺激保险行业反思物流保险在市场实践中的应用和完善，起到优化保险产品的作用。

编写人：福建省厦门市思明区人民法院　杨绿芳

二、人身保险纠纷

（一）人身意外伤害保险纠纷

30

保险格式合同中不同条款内容发生冲突应作出对投保人有利的解释

——张某诉人寿陕西分公司人身保险合同案

【案件基本信息】

1. 裁判书字号

陕西省西安市中级人民法院（2019）陕01民终13773号民事判决书

2. 案由：人身保险合同纠纷

3. 当事人

原告（被上诉人）：张某

被告（上诉人）：人寿陕西分公司

【基本案情】

2016年2月25日，张某作为投保人与人寿陕西分公司签订农银爱自由两全保险合同，被保险人为杨某。同月29日，人寿陕西分公司向张某出具了保险单，载明：受益人张某，保险期间30年，缴费期间10年，基本保险金10万元，每年保险费1920元。保险合同于2016年3月1日成立并生效。保险格式合同载明，身故保险金包括疾病身故保险金、一般意外身故保险金、自驾车意外身故保险金、公共交通工具意外保险金。其中一般意外身故保险金条款约定，若被保险人遭受意外伤害，自意外伤害发生之日起180日内，因该意外伤害直接导致身故，按基本保险金额的2倍给付意外身故保险金。保险合同对意外伤害作了释义：意外伤害是指遭受外来的、突发的、非本意的、非疾病的客观事件，直接致使身体受到的伤害，猝死不属于意外伤害。责任免除条款载明，被保险人自合同成立之日或者合同效力恢复之日起两年内自杀，导致被保险人身故，不承担给付保险金的责任，保险合同终止。但自杀时系无民事行为能力人除外。截至2019年3月15日，张某共缴纳保险费7680元。2019年4月8日，杨某在租住房内死亡。法医对现场进行勘验，后对杨某的父亲和伯父进行调查，杨某亲属对杨某疑似在房间内燃烧木炭产生的一氧化碳导致中毒死亡无异议，并称不需要解剖尸体。同月10日，西安市公安局未央分局出具死亡证明书，杨某的死亡排除刑事案件。同日，杨某家属对杨某的尸体进行火化。次日，杨某家属报案申请理赔。同年5月20日，人寿陕西分公司退还张某保险现金价值8448元。

【案件焦点】

1. 杨某的死亡是否系自杀；2. 自杀是否属保险合同项下的一般意外身故；3. 人寿陕西分公司应否向张某支付保险金。

【法院裁判要旨】

陕西省西安市临潼区人民法院经审理认为：2019年4月8日，西安市公安局未央分局草滩派出所向杨某之父杨甲、伯父杨乙调查时，杨甲、杨乙对死因无异议，且明确表示不进行尸体解剖。公安机关的调查结论为死亡事件，排除刑事案件。在杨某的尸体火化后，其家属才向保险公司报案。综合本案证据，按照证据的高度盖然性原则，对杨某的死因确定为自杀。

人寿陕西分公司的保险条款虽对意外伤害作出解释，但同时又有免责条款，在两者存在不一致的情形下，应当作出不利于人寿陕西分公司的解释，故应当按照免责条款的内容来确定是否属于一般意外身故。从保险合同免责条款的内容看，超出两年自杀死亡的，应认定为一般意外身故。

因杨某的自杀死亡为一般意外身故，按照保险合同约定，人寿陕西分公司应当向第一顺序受益人张某支付一般意外身故保险金 20 万元。鉴于张某已领取理赔款 8448 元，故人寿陕西分公司应当向张某支付一般意外身故保险金 19.1552 万元。人寿陕西分公司的抗辩，不符合法律规定，依法不予采纳。

陕西省西安市临潼区人民法院依照《中华人民共和国保险法》第十四条、第四十四条第一款规定，判决如下：

人寿陕西分公司于判决生效后十日内支付张某保险理赔金 19.1552 万元。

二审法院同意一审法院裁判意见。

【法官后语】

本案保险合同的标的为生存保险和身故保险，而身故保险项下又有一般意外身故保险。杨某死亡后，公安机关出具了死亡证明书，载明杨某的死亡排除刑事案件。人寿陕西分公司认为杨某系自杀，应承担举证责任。但因尸体火化后，人寿陕西分公司才接到报案，客观存在举证不充分、不确实的情况。而查明杨某死亡原因属本案的基本事实，直接决定着保险人应否承担保险责任以及承担保险责任的大小。综合对张某、人寿陕西分公司提供的证据的审查判断，认定杨某系在居住的出租屋内自杀。在未有尸检报告的情况下，该认定是基于证据高度盖然性的一种推定。需要特别注意的是，在进行推定时，应当严格按照证据裁判主义的原则，充分运用逻辑推理和经验法则，遵守证明力规则，对证据的证明力作出准确的判断，使法律事实与客观事实相一致或者最大限度地接近客观事实。

保险产品设计高度专业，保险格式条款文字比较晦涩难懂，故保险合同的构成远较一般合同复杂，其内容易产生冲突，这种冲突既可能存在于保险合同内部的不同组成部分之间，也可能存在于同一保险合同下的不同款项中。《最高人民法院关于适用〈中华人民共和国保险法〉若干问题的解释（二）》第十四条对保险合同条款相互冲突时的内容认定规则作出了明确规定，而对保险合同同一部分中不同条款相互冲突的内容认定规则却无具体规定。本案中，农银爱自由两全保险条款项下一般意外身故保险中对意外伤害的解释与免责条款的内容不一致，导致自杀是否属于一般意外身故的保险责任范围相互冲突。鉴于保险条款具有极强的专业性、技术性、复杂性，一般人很难对其作出精准、全面的理解和把握，且保险条款由保险公司预先拟定、重复使用，属典型的格式条款，存在严重的信息不对称，保险人订立保险合同时应按最大诚信原则负有对格式条款内容说明的义务。故在两者内容发生冲突时适用不利提供原则，按对投保人有利的条款内容来认定。基于此，杨某的自杀死亡为一般意外身故。

保险法第四十四条规定，以被保险人死亡为给付保险金条件的合同，自合同成立或者合同效力恢复之日起2年内，被保险人自杀的，保险人不承担给付保险金的责任，但被保险人自杀时为无民事行为能力人的除外。该规定属法定免责条款。本案中，保险格式条款关于自杀的免责规定移植了保险法第四十四条的规定，把法定免责条款作为保险合同格式条款的免责内容。故应以法律规定作为处理案件的依据。尽管保险法第四十四条未进一步对被保险人超过2年自杀，保险人应当承担给付保险金责任作出具体表述，但无论是从文义解释，还是从该法条的逻辑结构以及立法目的来解读，均应认为保险人应当承担给付保险金的责任。杨某在自杀时，保险合同已履行3年，故人寿陕西分公司应当承担给付保险金的责任。

编写人：陕西省西安市临潼区人民法院　李沛　王晓峰

31

保险合同诉讼时效的起算应以知晓保险合同存在为前提

——于某、唐某诉财保渝中公司保险合同案

【案件基本信息】

1. 裁判书字号

重庆市渝中区人民法院（2019）渝0103民初12094号民事判决书

2. 案由：保险合同纠纷

3. 当事人

原告：于某、唐某

被告：财保渝中公司

【基本案情】

案外人王某与浩浩运输公司签订《营运车辆挂靠合同》，将A号车挂靠在浩浩运输公司名下经营。浩浩运输公司委托天天运输公司向财保渝中公司投保，后双方签订《团体人身意外伤害保险合作协议》，约定投保险种为团体人身意外伤害保险，保险金额为每份死亡限额20万元，后财保渝中公司出具保单予以承保。

于某、唐某（以下简称受益人）之子于小甲系王某聘用的驾驶员。2014年12月12日，于小甲驾驶A号车与其他车辆发生事故，在此次事故中死亡。

后因涉案交通事故引发的工伤待遇问题，受益人提起仲裁，要求浩浩运输公司支付工伤死亡待遇。浩浩运输公司不服裁决并提起民事诉讼，后法院判决浩浩运输公司支付工伤死亡待遇。2017年4月13日，受益人向法院申请强制执行，2018年，在法院强制执行的过程中，浩浩运输公司告知本案存在诉争保险后，受益人才知道涉案保险合同。双方于2019年4月9日达成执行和解，并在《执行和解笔录》中约定"将本次事故的意外赔偿款用于抵扣本案的赔偿款"，达成协议后浩浩运输公司"支付5万元，等财保渝中公司支付完毕后，我们再支付余款"。2019年4月10日，受益人依据《中华人民共和国保险法》的规定向法院提起诉讼，要求财保渝中公司赔付保险赔偿金200000元，财保渝中公司则以受益人的诉讼请求超过了诉讼时效为由，拒绝赔付。

【案件焦点】

受益人在保险事故发生三年后向财保渝中公司提起保险赔偿金赔付的起诉，是否超过了诉讼时效。

【法院裁判要旨】

重庆市渝中区人民法院经审理认为：人身意外伤害保险的诉讼时效期间为三年，自知道或者应当知道保险事故发生之日起计算。本案交通事故发生于2014年12月12日，受益人于2019年4月10日提起诉讼，但不宜认定超过了诉讼时效。

关于诉讼时效的起算点。1. 保险法规定的保险事故并非单纯的交通事故，应当是指在保险合同中具有法律意义，能够引起保险合同当事人权利义务变更的保险事实。故诉讼时效起算的实质条件应以当事人或受益人知晓保险合同及合同权利受到损害，能够依据保险合同行使权利为前提；2. 涉案险种为团体人身意外伤害保险，存在被保险人或受益人不知晓公司为其购买保险的情形，即虽然保险人或受益人知晓交通事故，但不知道享有保险合同权利。基于公平原则，此时不宜认定其怠于行使权利并开始计算诉讼时效。故诉讼时效的起算应当从受益人知晓交通事故的发生，同时被保险人或者受益人知晓团体人身意外伤害保险合同之日起开始计算。

至于具体起算日期问题。1. 涉案保险系记名投保的人身险，财保渝中公司理应在投保或保险事故发生时通知被保险人或受益人，但财保渝中公司并未进行通知，故不宜以交通事故发生之日为知晓保险合同之日并开始计算诉讼时效；2. 涉案保险合同事实清楚，受益人在知晓保险合同的情况下，通常会通过各种方式向财保渝中公司积极主张权利，然而直到 2019 年其才在《执行和解笔录》中首次确认向财保渝中公司主张权利。受益人主张是在 2018 年法院强制执行工伤待遇纠纷时才知道保险合同，该事实与《执行和解笔录》能够相互印证。故法院综合认定受益人于 2014 年 12 月 12 日知晓交通事故的发生，于 2018 年执行期间知晓保险合同，并于 2019 年 4 月 10 日提起诉讼，并未超过诉讼时效。

重庆市渝中区人民法院依照《中华人民共和国合同法》第八条，《中华人民共和国保险法》第十四条、第十七条第二款的规定，作出如下判决：

财保渝中公司在本判决生效之日起十日内支付于某、唐某保险金 200000 元。

【法官后语】

本案的处理难点在于合理理解诉讼时效相关规定，同时兼顾保险行业客观事实以及合同权利的实质平等。

保险法规定人寿保险以外的其他保险的诉讼时效期间为二年，自被保险人或者受益人知道或者应当知道保险事故发生之日起计算。《中华人民共和国民法典》规定向人民法院请求保护民事权利的诉讼时效期间为三年，自权利人知道或者应当知道权利受到损害之日起计算。本案双方当事人对诉讼时效的理解大相径庭：财保渝中公司实际上主张按保险法条文进行文本解释，严格按照条文的字面意思去理解，即保险事故就是指交通事故；被保险人的受益人则朴素地认为其根本不知道有保险合同存在，财保渝中公司不予赔偿不符合公平原则。

法院实际上认为保险法对于诉讼时效只是规定了形式条件，并未明确实质条件，因而还必须结合《中华人民共和国民法典》的一般规定进行综合认定：一方面，诉讼时效制度的本意在于督促权利人积极主张权利，以实现私权与公共利益的平衡。当事人是否知晓并怠于行使权利，构成判断是否超过了诉讼时效的一般条件和实质条件。另一方面，虽然保险人与投保人、被保险人、受益人同为平等民事主体，但保险行业是专业化程度非常高的行业，保险合同是保险人提供的格式合同，保险人在专业知识和信息获取方面具有天然的不对称优势，部分被保险人或者受益人因客观情况存在举证困难的情况，故而法律要求保险尽到更多的提示和说明义务，以平等保护合同当事人的权利。而且，保险行业客观上存在部分不规范的领域，如具有保险利益的投保人未向被保险人告知为其购买了保险，财保渝中公司未向被保险人或者受益人尽到通知义务，特别是某些具有人身属性的保险合同。故而法官综合考虑诉讼时效制度的两种规定、保险行业客观事实以及合同权利的实质平等后作出了上述判决。

在此类案件中，诉讼时效的起算需要考虑三个时间节点，即损害结果的发生时间、权利人知晓损害结果的时间、权利人知晓保险合同的时间，并且以三者中最晚的时间点作为诉讼时效的起算时间。该案的社会意义在于提示保险公司加强保险合同审核、合理履行通知义务，促进保险行业健康有序发展。

编写人：重庆市渝中区人民法院　汤小辉　王真祥

32

保险责任确定后受益人将人身保险金请求权转让第三人的行为有效

——顾某诉人寿吉林分公司意外伤害保险合同案

【案件基本信息】

1. 裁判书字号

江苏省南通市中级人民法院（2019）苏 06 民终 1165 号民事判决书

2. 案由：意外伤害保险合同纠纷

3. 当事人

原告（上诉人）：顾某

被告（被上诉人）：人寿吉林分公司

第三人（被上诉人）：贝塔公司

【基本案情】

2016年3月19日，贝塔公司为其公司员工向人寿吉林分公司投保国寿绿洲团体意外伤害保险（B型）（2013版）、国寿附加绿洲意外费用补偿团体医疗保险（2013版）、国寿附加绿洲意外住院定额给付团体医疗保险（2013版），顾某在被保险人名单中。2016年4月25日，顾某在工作时受伤，后于2017年1月12日与贝塔公司达成工伤赔偿协议，约定贝塔公司一次性支付顾某工伤伤残补助金合计82252元。贝塔公司已将该款汇给顾某。2017年7月5日，顾某出具保险金权益转让声明，其自愿将保险金申请权及与保险金申请权相关的其他权利转让给贝塔公司，并承担由此引发的一切法律后果。后贝塔公司向人寿吉林分公司申请理赔，人寿吉林分公司于2017年7月24日向贝塔公司支付保险理赔款81000元。顾某认为保险金权益转让声明因违反合同法和保险法的有关规定而无效，并认为贝塔公司向其汇付的82252元系工资、医保中心转交的一次性伤残补助金和住院伙食补助费，工伤赔偿协议项下的工伤伤残补助金并未实际支付，人寿吉林分公司应向其支付该笔理赔款。

【案件焦点】

案涉保险金请求权转让行为的效力如何认定。

【法院裁判要旨】

江苏省南通市通州区人民法院经审理认为：合同债权转让涉及两种关系，一是债权人与债务人之间的原合同关系，二是转让合同关系。两种合同关系虽然关联密切，但并非同一法律关系，原合同关系是原合同当事人之间的合同关系，权利义务受原合同约束。转让合同关系是转让人与受让人之间的合同关系，其完全可由债权人与受让方在不违背法律和社会公共利益的前提下自由约定。债权人转让权利的通知送达债务人，则不得撤销，除非经受让人同意。具体就本案而言，保险金申请权转让系原告顾某与第三人贝塔公司之间的合同关系。原告顾某已就保险金申请权转让给第三人贝塔公司事项，采用转让声明的形式通知到被告人寿吉林分公司，被告人寿吉林分公司也已将保险金给付了第三人贝塔公司。案涉保险为意外伤害商业保险，保险事故发生后，收益权转化为保险金给付请求权，该请求权与普通债权并无本质区别，禁止其转让缺乏法律依据。被告人寿吉林分公司根据原告顾某的通知向第三人贝塔公司支付保险金并无恶意，应保护其合理信赖，该给付行为应当产生保险金履行的效力。在此情况下，原告要求被告人寿吉林分公司支付保险理赔款，并赔偿调查费、交通费损失，无合同或法律依据，法院不予支持。至于原告主张的协议中与第三人贝塔公司议定的工伤伤残补助金金额不合理问题，因该争议发生在原告与第三人之间，不属于本案保险合同纠纷的审理范畴。若原告顾某认为第三人贝塔公司受让权利欠缺法律原因，可另行向第三人贝塔公司主张利益返还。

江苏省南通市通州区人民法院依照《中华人民共和国合同法》第八十条、第九十一条第一项的规定，判决：

驳回顾某的诉讼请求。

顾某持起诉意见提起上诉。江苏省南通市中级人民法院经审理认为：贝塔公司与人寿保险吉林公司之间签订的案涉团体保险合同系双方真实意思表示，并未违反法律、行政法规的强制性、禁止性规定，应为合法有效，各方当事人均应受到该合同的约束。顾某在被保险人名单中，其发生保险事故后，人寿保险吉林公司应依法依约承担赔偿责任。但人寿保险吉林公司已经根据顾某出具的保险金权益转让声明等材料，向贝塔公司实际支付了理赔款。顾某现以贝塔公司未向其实际支付工伤赔偿金以及案涉保险金请求权不得转让为由，要求人寿保险吉林公司向其支付理赔款及调查费用等。对此法院认为，首先，顾某案涉工伤事故发生后，所涉意外伤害保险受益权随即转变为现实的、能够体现出数额的一项财产性权利，不再具有人身专属性，该权利可以依约定转让。顾某虽称其可能在贝塔公司让其签署相关材料时一并签订了保险金权益转让声明，但其中字迹确系其本人所签，应当认定其具有将保险金申请权及与之相关的其他权利转让给贝塔公司的意思表示。人寿保险吉林公司基于对赔偿协议、转让声明以及两份转账凭证等材料的形式审查，而向贝塔公司支付理赔款，具有事实依据，应当认定该公司已经履行了保险理赔责任，顾某在本案中再次向其主张理赔并无事实与法律依据。其次，顾某对贝塔公司一审提交的两份网银往来账凭证所涉款项的性质有异议，认为不属于其与贝塔公司2017年1月12日达成的工伤赔偿协议项下的赔偿款。但本案为团体意外伤害保险纠纷，保险事故发生后产生的保险金请求权与顾某依据其与贝塔公司之间的劳动关系产生的工伤赔偿请求权系相互独立的两种法律关系，贝塔公司有无向顾某实际支付工伤赔偿款不影响案涉保险金权益转让的效力，亦不影响本案审理。如顾某认为贝塔公司未根据双方赔偿协议约定实际支付工伤赔偿款，其可另行主张权利。综上所述，顾某的上诉请求不能成立，应予驳回；一审适用法律准确，判决结果正确，应予维持。

江苏省南通市中级人民法院依照《中华人民共和国民事诉讼法》第一百七十条第一款第一项规定，判决：

驳回上诉，维持原判。

【法官后语】

对于能否转让保险金请求权的问题，司法实践中不乏争议。由于人身保险合同承保的是被保险人的风险，其目的在于保护受益人在被保险人死亡、伤残、疾病时能够获得救济，保险金请求权以被保险人遭受事故为条件，且可能与受益人的生活密切相关，具有很强的人身依附性，一般不应允许转让。但随着保险市场的发展，人身保险已不仅仅具有给付赔偿的保障功能，还具有投资功能，若一味禁止转让，则有违合同自由的基本原则，也不符合保险市场的实际需求。因此，应对保险事故发生前的转让与保险事故发生后的转让作出区别。

保险事故发生前，保险人承保的危险及保险合同约定的给付保险金的条件是否发生尚不确定，保险金请求权尚属期待权，不存在行使保险金受领权问题。在人身保险事故发生后，保险责任得以确定，保险金随即成为被保险人或受益人确定的、纯财产性质的权利，保险金请求权不具有人身依附性，与其他普通财产权利的转让并无区别。

顾某在工伤事故发生后，与贝塔公司签订的工伤赔偿协议，确定了工伤伤残补助金的金额。顾某在出具保险金权益转让声明时，保险事故已经发生，所涉意外伤害保险受益权随即转变为现实的、能够体现出数额的一项财产性权利，不再具有人身专属性，该权利可以依约定转让。顾某将保险金申请权及与之相关的其他权利转让给贝塔公司的意思表示真实，应当认定该转让行为有效。保险事故发生后产生的保险金请求权与顾某依据其与贝塔公司之间的劳动关系产生的工伤赔偿请求权系相互独立的两种法律关系，贝塔公司有无向顾某实际支付工伤赔偿款不影响案涉保险金权益转让的效力。

编写人：江苏省南通市通州区人民法院　吴菊

33

被保险人的法定继承人有义务协助保险公司进行死因调查

——周甲、周乙诉华泰财保重庆分公司保险合同案

【案件基本信息】

1. 裁判书字号

重庆市第五中级人民法院（2019）渝05民终8699号民事判决书

2. 案由：保险合同纠纷

3. 当事人

原告（上诉人）：周甲、周乙

被告（被上诉人）：华泰财保重庆分公司

【基本案情】

2017年8月31日，灯塔公司为上城中央L25/04地块项目工程向华泰财保重庆分公司投保建筑工程施工人员团体意外伤害综合保险。高某系灯塔公司员工。

2018年8月13日7时40分许，高某在上城中央L25/02地块3号楼运砖过程中，被工友发现蜷缩在厕所区域地上，经灯塔公司项目部工作人员派车送到医院救治，当日经抢救无效死亡。同日，医院的护理记录单载明，高某因昏迷于8时5分入院抢救，于8时36分由医生宣布临床死亡，诊断为“猝死、心脑血管、意外?”。抢救期间，医院处方笺取药联载明，高某的临床诊断为“猝死、抢救”。

同日，医院出具《居民死亡殡葬证》《居民死亡医学证明（推断）书》，载明：

死者高某，死亡日期2018年8月13日，死亡原因为“死因不明、头颅挫伤？心脑血管疾病意外？其他？”。

同日，华泰财保重庆分公司向高某的丈夫周甲、女儿周乙发出《尸检通知函》，该通知函载明：“依据相关法律以及保险合同规定，保险金申请人有义务向保险公司提交证明保险事故的一切材料，并配合保险公司作相关核查事宜，以明确死因，核定保险责任、履行合同；1. 协助保险公司现场调查取证，包括笔录、拍照。2. 提交法医鉴定死亡原因；尸体检查（解剖）本着知情同意的原则，需要征求家属以及受益人同意，按有关规定程序进行。”周甲、周乙在家属意见处书写“不同意”，并签名确认。

2019年4月25日，周甲、周乙要求华泰财保重庆分公司就高某死亡事故支付意外身故保险金60万元。华泰财保重庆分公司以高某死亡原因不明为由拒付。周甲、周乙遂向法院起诉。

【案件焦点】

在无法查明死亡原因的情况下，死者亲属是否有义务配合保险公司进行尸检。

【法院裁判要旨】

重庆市渝中区人民法院经审理认为：保险公司仅在查明保险事故原因、性质的基础上，对承保风险范围内的保险事故承担支付保险金的责任。本案被保险人死亡原因无法查明，该死亡事故是否属于保险合同约定的保险事故不能确定，且被保险人死亡原因无法查明的结果系周甲、周乙不协助调查义务所致。在医院未确诊的情况下，周甲、周乙提供的材料不足以证明被保险人死亡原因，其负有协助华泰财保重庆分公司查明被保险人死亡原因的义务。高某尸体未经尸检即火化，主要原因在于周甲、周乙不同意尸检。根据《尸体解剖规则》第二条第三项“病理解剖：限于教学、医疗、医学科学研究和医疗预防机构的病理科（室）施行。凡符合下列条件之一者应进行病理解剖：1. 死因不清楚者……上述1、2项的尸体，一般应先取得家属或单位负责人的同意……”之规定，医疗机构对死因不明的死者尸体进行解剖，需要经过死者家属或单位负责人同意。华泰财保重庆分公司在事故发生后通知提交法医鉴定死亡原因，但周甲、周乙明确表示不同意并签字确认，从而导致尸体未经尸检即被火化。周甲、周乙的行为违反了协助调查义务。

重庆市渝中区人民法院依照《中华人民共和国保险法》第二十二条、《中华人民共和国民事诉讼法》第一百四十二条之规定，判决如下：

驳回周甲、周乙的全部诉讼请求。

二审法院同意一审法院裁判意见。

【法官后语】

本案处理的重点在于，在医疗机构未明确判定死亡原因的情况下，死者亲属的义务是什么、其在保险案件中的举证责任是什么。

首先，死者近亲属履行配合保险人进行死因调查义务的前提是医疗机构不能明确判定死亡原因。公民个人的死亡原因的认定一般是医疗机构或公安机关，在这两者有相应的判定结论时，从保护亲属朴素的伦理亲情观念以及自然风俗的角度出发，不进行尸检对于案件的处理仍有据可循，此时，死者亲属的配合义务无需上升至法律层面进行认定。但在医疗机构或公安机关均未判定出死者死亡原因的情况下，说明死者的死因从客观上需要进一步的检验，此时，对于死者亲属的配合义务则需上升至法律层面进行认定。

其次，从举证责任分配角度出发，在保险案件中，死者亲属作为原告理当承担证明死者系因意外死亡的举证责任，其提供的医疗机构的诊断证明不能明确判定死亡原因，而其并不具有对个人死亡原因进行调查并作出结论的职责和相应的技术条件。故在现有证据材料明显不充分且文义尚有矛盾的情况下，尸检无疑为查明死因的最有效的方式。保险合同系商事合同，查明死因系履行理赔手续的重要环节，被保险人的法定受益人作为商事合同的受益者，其有义务配合保险人完成这一环节。同时，保险公司已经履行了告知义务，明确告知周甲、周乙不配合进行尸检的法律后果，周甲、周乙作为死者家属，明知死者在抢救过程中未发现明显受伤情形，未经进一步核实便相信于己方有利的材料，并据此拒绝尸检、火化尸体，其拒绝履行配合义务，则应当承担相应的法律后果。

编写人：重庆市渝中区人民法院　王真祥　李冰心

34

当事人举证责任和举证能力的再平衡

——欧某、佟乙诉大地保险公司人身保险合同案

【案件基本信息】

1. 裁判书字号

天津市第三中级人民法院（2019）津03民终2457号民事判决书

2. 案由：人身保险合同纠纷

3. 当事人

原告（被上诉人）：欧某、佟乙

被告（上诉人）：大地保险公司

【基本案情】

死者佟甲与欧某系夫妻关系，婚生一子佟乙。死者佟甲的父母均先于佟甲死亡，其第一顺序继承人为欧某、佟乙。除欧某、佟乙二人外，死者佟甲无其他第一顺序继承人。2018年10月，欧某在大地保险公司处投保《大地520家庭呵护保障计划保险》（其中意外伤害的保额为每人100000元、驾乘非营运客运车意外伤害的保额为每人50000元）和《驾乘无忧A款保险》（其中驾乘交通工具意外伤害的保额为每人200000元），《驾乘无忧A款保险》的保险单中已经明确约定了车辆牌号为A。2019年2月15日7时许，佟甲驾驶A号小型轿车沿石油新村渤海石油蓝苑北区院内道路由东向西行驶至东盐路时，车前部撞击路边西侧花坛，车辆前部损坏。后案外人谭某拨打120急救及110报警电话，天津北大医疗海洋石油医院急救人员到达事故现场，发现佟甲已无生命体征，初步诊断为“猝死”。该事故经天津市滨海新区公安局交通管理分局塘沽支队万年桥大队委托天津津实司法鉴定中心及河北津实司法鉴定中心鉴定，结论：佟甲血液中未检出乙醇；佟甲为休克死亡，如需明确死因建议尸体解剖；案涉车辆发生事故前（临近事故地点）的平均速度约为

18 千米/小时；A 号小型轿车因机件损坏，不能利用监测设备对其进行安全技术检验。据此，公安交通管理部门认定，佟甲承担事故全部责任。

2019 年 2 月 14 日，佟甲因身体不适曾前往医院就诊，诊断为胃肠炎。2019 年 2 月 16 日 11 时许，欧某曾拨打大地保险公司的保险电话报案，称其爱人因为交通事故死亡。2019 年 3 月 8 日，欧某再次拨打保险电话报案，称其投保了《大地 520 家庭呵护保障计划保险》和《驾乘无忧 A 款保险》，其配偶佟甲因驾车出交通事故死亡。佟甲死亡后未能进行尸体解剖，即予以火化。

【案件焦点】

1. 本案的保险事故是否属于保险理赔范围，大地保险公司是否应向欧某、佟乙支付保险金；2. 保险金请求权人是否应当进一步举证证明被保险人的死亡原因，当事人之间的举证责任如何分配。

【法院裁判要旨】

天津市滨海新区人民法院经审理认为：案涉保险合同合法有效，应受法律保护，双方应按保险条款及保险法律法规的规定行使各自权利并履行相关义务。佟甲属于案涉两份保险合同约定的被保险人范围。该事故经公安交通部门认定，佟甲尸表没有发现明显外伤，其死因系“休克死亡”。根据医学对“休克”原因的分类，休克包括低血容量性休克、血管扩张性休克、心源性休克等，故仅从“休克死亡”的表述无法判断佟甲的死亡是疾病、意外或者两个原因结合导致的。《中华人民共和国保险法》第二十二条第一款规定，保险事故发生后，按照保险合同请求保险人赔偿或者给付保险金时，投保人、被保险人或者受益人应当向保险人提供其所能提供的与确认保险事故的性质、原因、损失程度等有关的证明和资料。该条规定与“谁主张，谁举证”的原则并不矛盾，是民事诉讼程序中规则运用于保险赔偿的一种具体表现。鉴于保险事故本身的复杂性，应当按照公平原则分配索赔方与保险公司的举证责任，通常情况下保险金请求权人自身的专业素质和保险事故本身的复杂性可能存在不相适应的情况，一味要求保险金请求权人提供完备的证明和资料，有悖公平和诚信原则，也不符合保险法优先保护被保险人的原则。考虑到索赔方可能遇到举证方面的种种困难，该法条对举证责任规定了一个限度，即“其所能提供的”。欧某、佟乙申请理赔时，提供了交通部门和医疗机构出具的《事故责任认定书》、鉴定报告、《死亡证明》等证据材料，已按合同约定和保险法的规定完成了向保险公司提供其所能够提供的与确认保险事故的性质、原因等有关证明，履行了提供材料的义务，故欧某、佟乙主观上不存在过错，不应当承担死因不能查明的后果。大地保险公司在经调查后，认为佟甲生前可能患有重大疾病，死亡系疾病导致，对此应由其承担举证责任，而其未能提供证据证明，应承担不利的后果，故大地保险公司的抗辩不予采信。欧某、佟乙要求大地保险公司支付保险金的主张，于法有据，予以支持。

天津市滨海新区人民法院依照《中华人民共和国保险法》第十条、第二十二条、第三十一条的规定，作出如下判决：

大地保险公司于本判决生效之日起十五日内给付欧某、佟乙保险金350000元。

二审法院同意一审法院裁判意见。

【法官后语】

在民事诉讼中，举证责任的分配通常都是遵循“谁主张，谁举证”的原则，当事人对自己提出的诉讼请求所依据的事实或者反驳对方诉讼请求所依据的事实有责任提供证据加以证明。没有证据或者证据不足以证明当事人的事实主张的，由负有举证责任的当事人承担不利后果。然而，在一些民事案件的审理中并不能僵化地适用这一原则，而应在坚持基本原则的前提下，结合案件事实、当事人的诉讼能力、特别法规定、诉讼法原则等进行举证责任和举证能力的再平衡。

在保险纠纷中，当保险事故发生后，投保人、被保险人、受益人均有权向保险人进行索赔，请求支付保险金，其应当提高有关证明和材料来证明保险事故的原因、性质和损失等，这是保险金请求权人应当承担的举证责任。但是这一举证责任是有所限定的，即“其所能提供的”，这一表述说明保险法对于保险金请求权人的举证能力进行了一定的平衡。在人身保险合同中，保险人与相对人的举证能力是存在差别的，保险人对于事故的定损有一套完善的流程和规范，相对人普遍为不具有专业能力的自然人，对于保险事故有关原因、性质等具体细节，前者明显在举证能力上存在优势。有鉴于此，面对一些事故原因较为复杂的保险案件，保险金请求权人如果能够提供其力所能及的相应证明材料，即可认定其已经完成了举证，比如在本案中当事人提供了交通部门和医疗机构出具的《事故责任认定书》、鉴定报告、

《死亡证明》等证据材料，已经按照法律规定和合同约定履行了提交证明材料的义务。

在举证责任和举证能力的分配方面进行再平衡，充分体现了公平原则和诚实信用原则，对民事案件审判存在以下现实意义：首先，有利于充分查清案件事实，实现实体正义。法院对于民事案件的事实只能是根据双方当事人各自的主张和提供的证据认定后的事实，通过平衡当事人之间的举证责任可以更好地查清有关事实，定分止争。其次，通过合理分配举证责任，实现程序正义。对于举证责任不能简单粗暴地适用法律，而是应该关注特别法中的有关特别规定，通过法律解释实现利益平衡。最后，针对能力不同的当事人设定不同的举证责任要求可以实现利益的平衡。

在审理类似案件时，应当灵活运用举证责任分配的原则，除了关注法律特别规定之外，还需要对案件事实进行考量，合理关注当事人的举证能力，不可设定过高的举证门槛，忽略公平与诚信原则。

编写人：天津市第三中级人民法院　王帅

35

对电子保单保险人是否履行免责条款提示与说明义务的司法认定

——周某、李乙诉财保重庆公司、财保南川公司意外伤害保险合同案

【案件基本信息】

1. 裁判书字号

重庆市第三中级人民法院（2019）渝03民终1477号民事判决书

2. 案由：意外伤害保险合同纠纷

3. 当事人

原告（上诉人）：周某（李甲之妻）、李乙（李甲之子）

被告（被上诉人）：财保重庆公司、财保南川公司

【基本案情】

2018年5月7日，李乙以投保人的身份通过网络销售的方式购买了一份财保重庆公司的“合家欢乐保险卡”，险种包括附加意外伤害、身故、残疾保险等，保险期间自2018年5月7日0时起至2019年5月6日24时止。保险合同约定对于年龄小于六十周岁的被保险人意外伤害保险金额为6万元。合同条款责任免除部分载明，被保险人酒后驾车、无有效驾驶证驾驶或驾驶无有效行驶证的机动车期间，遭受伤害导致身故、伤残或医疗费用支出的，保险人不承担给付保险金责任。2018年6月12日11时28分，李甲驾驶无牌照普通二轮摩托车，在行驶途中与前方同向行驶的重型非载货专项作业车发生追尾碰撞，致李甲当场死亡。重庆市南川区公安局交通巡逻警察支队出具的《道路交通事故认定书》载明：“李甲驾驶无牌照普通二轮摩托车违反了《中华人民共和国道路交通安全法》第十一条：驾驶机动车上道路行驶，应当悬挂机动车号牌，放置检验合格标志、保险标志，并随车携带机动车行驶证。该规定属于国家禁止性规定。李甲承担本次事故的全部责任。”周某、李乙遂诉请保险公司向其支付因平安家庭财产附加意外身故保险理赔款6万元。

【案件焦点】

保险人对案涉电子保单免责条款是否已经尽到提示与说明义务。

【法院裁判要旨】

重庆市南川区人民法院经审理认为：李乙只有在勾选“本人已经阅读并理解本卡卡册内容和条款内容，并同意接受投保规则全部内容”后点击“确认”，才可以激活购买的“合家欢乐保险卡”，应当视为李乙对于保险条款已明确知晓。保险公司已尽到了对免责条款进行提示、说明的义务。李甲驾驶无有效行驶证、无牌照普通二轮摩托车发生交通事故属于涉案保险条款免责事由。因此，周某、李乙请求被保险人支付保险理赔款6万元的主张，其理由不能成立，不予采纳。

重庆市南川区人民法院依照《中华人民共和国合同法》第六十条第一款，《中华人民共和国保险法》第十七条、第二十二条第一款，《最高人民法院关于适用〈中华人民共和国保险法〉若干问题的解释（二）》第十二条，《最高人民法院关于适用〈中华人民共和国民事诉讼法〉的解释》第九十条以及《中华人民共和国民事诉讼法》第一百四十四条规定，作出如下判决：

驳回周某、李乙的全部诉讼请求。

周某、李乙不服一审判决，提起上诉。重庆市第三中级人民法院经审理认为：案涉“合家欢乐保险卡”属电子保单，由投保人登录保险人网站依次进行“卡片登录验证”、浏览“投保须知”“保险条款”并确认勾选相关内容后才可激活生效。现案涉保单已经激活并生效。根据现有证据并不能证明该保单的网上激活等过程并非由李乙本人操作，可以认定被上诉人在订立合同时对免除保险人责任条款尽到了提示和明确说明义务具有高度可能性，故对周某、李乙的抗辩理由不予采信，保险人对案涉事故不承担赔偿责任。

重庆市第三中级人民法院依照《中华人民共和国民事诉讼法》第一百七十条第一款第一项规定，作出如下判决：

驳回上诉，维持原判。

【法官后语】

随着信息时代的到来，我国的电子保单技术日趋成熟，方便快捷、安全环保的投保方式也得到越来越多的保险消费者青睐。同时，电子保单自身的局限性以及流程设计的缺陷，导致不规范投保的情况越发普遍。认定保险人是否向投保人尽到免责条款的提示和说明义务，对于规范投保程序、保障投保人的保险权益具有重大意义。

其一，关于保险合同中免责条款的效力认定问题。保险合同通常都是依照保险人预先拟定的格式保险条款订立的，由于保险合同条文众多、内容繁杂、文字晦涩，为防止保险人制定不公平的格式条款，同时维持保险合同双方当事人的对价平衡，我国法律对保险人提供的合同条款内容进行特别规制。《中华人民共和国保险法》第十七条规定：“订立保险合同，采用保险人提供的格式条款的，保险人向投保人提供的投保单应当附格式条款，保险人应当向投保人说明合同的内容。对保险合同中免除保险人责任的条款，保险人在订立合同时应当在投保单、保险单或者其他保险凭证上作出足以引起投保人注意的提示，并对该条款的内容以书面或口头形式向投保人作出明确说明；未作提示或者明确说明的，该条款不产生效力。”所以，一般情况下，保险人欲使格式条款发生其期望的免责效果，应对相关条款履行提示和说明义务。另，《最高人民法院关于适用〈中华人民共和国保险法〉若干问题的解释（二）》第十条规定：“保险人将法律、行政法规中的禁止性规定情形作为保险合同免责条款的免责事由，保险人对该条款作出提示后，投保人、被保险人或者受益人以保险人未履行说明义务为由主张该条款不成为合同内容的，人民法院不予支持。”具体到本案，李甲驾驶无牌照普通二轮摩托车的行为违反了法律、行政法规禁止性规定，平安保险公司已对该禁止性规定的免责事由作出提示，该免责条款即发生法律效力。

其二，对电子保单免责条款的提示与说明义务不同于传统保单。作为新型的投保方式，互联网保险订立时，保险人履行提示与说明义务的方式、投保人确认保险人履行提示与说明义务的方式均通过电子点击确认的方式进行，代替了传统保险现场面签确认环节。《最高人民法院关于适用〈中华人民共和国保险法〉若干问题的解释（二）》第十二条规定：“通过网络、电话等方式订立的保险合同，保险人以网页、音频、视频等形式对免除保险人责任条款予以提示和明确说明的，人民法院可以认定其履行了提示和明确说明的义务。”可见，电子保单的免责条款是否产生效力，应以保险人是否以网页、音频、视频等形式对免除保险人责任条款予以提示和明确说明来认定。本案中，涉案电子保单需由投保人依次进行“卡片登录验证”、浏览“投保须知”“保险条款”并确认勾选相关内容后才可激活生效，能够证明保险人在订立合同时对免除其责任的条款尽到了提示和明确说明义务。

其三，电子保单订立时，保险人是否对免责条款尽到提示和说明义务的举证责任分配。保险法司法解释明确规定，保险人应对其履行了提示和明确说明义务负举证责任，即投保人主张保险公司未对免责条款进行提示或明确说明的，保险公司对此应承担相应的举证责任。在保险人完成举证后，投保人对保险人履行提示和说明义务提出否认意见的，应举示证据证明保险人未履行相关义务。具体到本案，现有证据可以认定被上诉人在订立合同时，对免除其责任的条款尽到了提示和明确说明义务，投保人周某、李乙抗辩称该保单网上激活并非由李乙本人操作，而系由被上诉人的业务员代为完成，但其并未举示充分证据予以证明，故两级法院对其该抗辩理由不予采信。

编写人：重庆市第三中级人民法院　黄琳熹　李健

36

发生意外事故后雇主因先行赔付取得的保险金请求权范围的界定

——建安公司诉人保镇江公司意外伤害保险合同案

【案件基本信息】

1. 裁判书字号

江苏省镇江市中级人民法院（2019）苏11民终558号民事判决书

2. 案由：意外伤害保险合同纠纷

3. 当事人

原告（被上诉人）：建安公司

被告（上诉人）：人保镇江公司

【基本案情】

2017年9月15日，建安公司在人保镇江公司处投保“建筑工程团体人身意外伤害保险”，约定保险人数100人，保险费合计30000元，保险期间自2017年9月15日起至2018年9月14日止，主险国寿安全建筑工程团体意外伤害保险（2013版）保险金额合计60000000元，保险单未指定受益人。保险单特别约定：“建筑项目名称为江苏大津重工有限公司新建涂装房工程，工程地址为扬中市西来桥镇北胜村606号……因违反高空作业及安全技术标准的相关规定所导致的意外伤害事故作为除外责任，因被保险人高空作业未系安全带导致的保险事故作为除外责任。”

2017年9月20日，建安公司在人保镇江公司处投保“建筑工程团体人身意外伤害保险”，约定被保险人数50人，保险费合计18000元，保险期间自2017年9月15日起至2018年9月14日止，主险国寿建筑工程团体意外伤害保险（2013版）保险金额合计20000000元，保险单未指定受益人。保险单特别约定：“建筑项目名称为江苏大津重工有限公司新建涂装房工程，工程地址为扬中市西来桥镇北胜村606号……”

2018年2月27日，赵某与工友来到建安公司承建的江苏大津重工有限公司涂装车间施工工地从事搅拌机操作工作。2018年3月27日8时40分左右，赵某在涂装车间施工工地，从涂装车间设备房二楼一直径约0.7米的预留洞口坠落至一楼水泥地面，当场死亡。经事故调查组调查认定，该起事故是一起生产安全责任事故。2018年3月29日，经扬中市西来桥镇人民调解委员会调解，被申请人（建安公司）与申请人（赵某家属）协商达成调解协议，约定被申请人一次性赔偿申请人各项费用合计838000元，申请人自愿放弃除上述赔偿款外的其他一切民事权益，包括但不限于被申请人给赵某投保的意外险的收益，如果需要申请人配合，则申请人必须无条件配合。2018年8月31日，中国人寿保险股份有限公司江苏省分公司已支付建安公司保险合同项下的保险金400000元。

建安公司向法院提起诉讼，要求判令人保镇江公司立即支付保险合同项下的保险金600000元，并承担逾期付款损失。

【案件焦点】

1. 建安公司受让保险金请求权的行为是否有效；2. 建安公司请求支付保险金的范围如何确定。

【法院裁判要旨】

江苏省扬中市人民法院经审理认为：建筑工程团体人身意外伤害保险是建筑企业给建设项目员工所投的团体意外伤害保险，是不记名、不特定人的保险，与投保人对投保人近亲属及与投保人有抚养、赡养、扶养关系的其他家庭成员所订立以死亡为给付保险金条件的单纯的人身保险合同不同，并不需要被保险人同意及认可。人身保险合同因其具有人身依附性，除有特约条款外，保险事故发生前，受益人未经投保人和被保险人同意，不得将受益权转让给他人。但在保险事故发生后，人身保险合同的保险金额即成为确定的、财产性质的债权，此时的保险金请求权不具有人身依附性，具有可转让性，受益人可将与保险事故相对应的全部或者部分保险金请求权转让他人。本案中，赵某的受益人（即法定继承人）在事故发生并获得建安公司支付的赔偿金后，将自己享有的权益转让给建安公司，是其对自己权利的自由处分，转让行为不违反法律、行政法规的强制性规定。建安公司可以以其受让取得的保险金请求权要求人保镇江公司给付保险金，故建安公司诉讼主体适格。建安公司要求人保镇江公司支付保险合同项下保险金 600000 元的诉讼请求，应予支持。

江苏省扬中市人民法院依照《中华人民共和国保险法》第二条、第十二条、第十四条、第二十三条，《最高人民法院关于适用〈中华人民共和国保险法〉若干问题的解释（三）》第十三条的规定，作出如下判决：

一、人保镇江公司于本判决生效后十日内向建安公司支付保险金 600000 元；

二、驳回建安公司的其他诉讼请求。

人保镇江公司提起上诉。江苏省镇江市中级人民法院经审理认为：关于本案保险合同中涉及的以死亡为给付保险金条件的合同条款是否有效问题，以及建安公司的诉讼主体地位问题，二审法院同意一审裁判意见。关于该保险金请求权应否全额支持问题。本案中，事故发生后，扬中建安公司支付给赵某家属的各项赔偿补偿费用为 838000 元，并以此为条件受让所得赵某家属的保险金请求权。若全额给付，扬中建安公司将因此获利 162000 元（1000000 元减去 838000 元）。保险是一种受法律保护的分散危险、补偿损失的法律制度，具有经济补偿性质，但绝无获利功能。保险法第四条亦明确规定，从事保险活动必须遵守法律、行政法规，尊重社会公德，不得损害社会公共利益。人民法院作为国家审判机关，职能之一就是鼓励和倡导善良公德，具有诉讼导向作用。如果无视用工单位实际支付给身故被保险人家属的各项费用少于被保险人的身故保险金的实际情况，判决保险公司全额支付用工单位受让而来的保险金，无疑将产生巨大的道德风险：个别单位（或个人）有可能利用优势地位强压被保险人或其受益人转让保险金请求权，从中获利；更严重的后果可能就是个别单位或个人认为有机可乘，无视生产安全甚至制造安全责任事故，从中牟取不当利益。因此，应倡导善良公德，遵循公平原则，不违背公序良俗，以实际付出的赔偿款为限支持建安公司的诉讼请求。因建安公司已取得案涉保险金 400000 元，故人保镇江公司仍应向建安公司支付保险金 438000 元。

江苏省镇江市中级人民法院依照《中华人民共和国民法总则》第六条、第八条，《中华人民共和国保险法》第四条，《中华人民共和国民事诉讼法》第一百七十条第一款第二项之规定，作出如下判决：

一、维持扬中市人民法院（2018）苏1182民初4248号民事判决的第二项；

二、变更扬中市人民法院（2018）苏1182民初4248号民事判决的第一项为：人保镇江公司于本判决生效后十日内向建安公司支付保险金438000元。

【法官后语】

本案是关于人身保险合同中保险金请求权能否转让及转让范围的界定。

关于保险金请求权能否转让的问题。《最高人民法院关于适用〈中华人民共和国保险法〉若干问题的解释（三）》第十三条规定："保险事故发生后，受益人将与本次保险事故相对应的全部或者部分保险金请求权转让给第三人，当事人主张该转让行为有效的，人民法院应予支持，但根据合同性质、当事人约定或者法律规定不得转让的除外。"该条规定确立了保险金请求权转让的基本规则。首先，保险金请求权作为保险合同的一项权利，允许转让是原则，不允许转让是例外。其次，在保险事故发生后受益人才能转让保险金请求权，因为此时保险金请求权属于纯财产性质的债权，不具有人身依附性。这一点在《中华人民共和国保险法》第四十二条第一款第一项的规定中也可得到佐证。本案中的团体人身保险不属于强制投保的险种，被保险人的受益人在获得用人单位的赔偿金后，同意将对保险公司的权利转让给用人单位，该转让行为未违反法律的禁止性规定，应属有效。最后，保险金请求权具有可分性，受益人可以部分转让，也可以整体转让。需要注意的是，保险金请求权转让后，保险人对受让人不仅可基于保险合同提出抗辩，而且可就受让保险请求权是否合法等事项提出抗辩。

关于保险金请求权转让范围的判断。保险金请求权转让作为债权转让的一种，基于债权转让的无因性，本不必考虑转让的原因。但是由于实践中受益人转让保险金请求权一般都会基于一定的原因（如用人单位先行向受益人支付事故赔偿金等）而受益人对基于保险合同能够享有的赔偿金具体数额并不十分了解，因此为探究受益人转让的真实意思表示，在判断保险金请求权的转让范围时应当结合转让的原因行为一并考虑，以避免发生道德风险。本案中，发生保险事故后，用人单位因赔付死者家属而获得保险金请求权，应当认为死者家属作为保险合同的受益人转让的份额限于用人单位的赔付范围，对于未转让部分受益人仍享有向保险公司请求支付的权利。

编写人：江苏省镇江市中级人民法院　沈荷　李洁

37

名义投保人与实际投保人不一致的保险合同效力

——杨某诉人寿山东分公司、产联公司意外伤害保险合同案

【案件基本信息】

1. 裁判书字号

江苏省南京市中级人民法院（2019）民终 9385 号民事判决书

2. 案由：意外伤害保险合同纠纷

3. 当事人

原告（被上诉人）：杨某

被告（上诉人）：人寿山东分公司

被告：产联公司

【基本案情】

原告系创造公司的员工，创造公司将原告派遣至银河公司工作。创造公司通过产联公司的名义与人寿山东分公司签订保险合同。

2018 年 7 月 17 日，产联公司为原告等 708 人在被告人寿山东分公司投保了团体人身保险：险种代码 6801 的农银团体意外伤害保险，保险金额 80 万元；险种代码 7802 的农银附加团体意外伤害医疗保险，保险金额 20 万元；险种代码 7814 的农银附加团体意外伤害住院津贴医疗保险，保险金额 160 元/天。保险有效期为 2018 年 7 月 17 日 0 时至 2018 年 7 月 31 日 24 时。

2018 年 7 月 29 日，原告在工作时双手被冲床压伤，入住南京邦德骨科医院治疗，入院诊断双手毁损伤，2018 年 9 月 5 日出院，出院诊断双手毁损伤，原告为此共计花费 142305.96 元治疗费用。2019 年 3 月 20 日，南京市溧水区人力资源和社会保障局认定原告杨某受到的事故伤害属于工伤认定范围，现予以认定（或视同）工伤。2019 年 6 月 19 日，经南京市劳动能力鉴定委员会出具劳动能力鉴定结论通

知书，鉴定杨某致残程度为伤残4级。

杨某受伤后向人寿山东分公司申请理赔，2019年4月24日人寿山东分公司作出理赔决定通知书，拒绝承担理赔保险金等，遂成讼。

【案件焦点】

名义投保人与被保险人之间不具有劳动关系，保险合同是否有效。

【法院裁判要旨】

江苏省南京市溧水区人民法院经审理认为：保险合同系投保人与保险人约定保险权利义务关系的协议。被保险人同意投保人为其订立合同的视为投保人对被保险人具有保险利益。本案中，创造公司以产联公司的名义为包括原告在内的708人向人寿山东分公司投保团体人身保险，产联公司的经营范围包括保险代理业务，故产联公司为名义投保人，创造公司为实际投保人，对原告杨某具有保险利益，而涉案保险合同被保险人总人数达708人，人寿山东分公司未尽基本审查义务仍与产联公司签订保险合同并收取保费，双方之间的保险合同依法成立且合法有效，双方均应依约行使权利并履行义务。故原告作为涉案保险合同的被保险人在保险期间内发生意外事故后，有权要求人寿山东分公司履行保险金赔付义务。

江苏省南京市溧水区人民法院依照《中华人民共和国保险法》第二条、第十条、第十二条、第十三条、第十四条、第三十一条，《中华人民共和国合同法》第八十条，《中华人民共和国民事诉讼法》第六十四条第一款、第一百四十二条的规定，判决如下：

一、人寿山东分公司于本判决生效之日起三十日内支付杨某保险理赔款合计683714.39元；

二、驳回杨某的其他诉讼请求。

二审法院同意一审法院裁判意见。

【法官后语】

随着社会各种制度设施的逐步完善，各种保险成为企业员工福利不可或缺的一部分，在发生意外的情况下，能够为员工提供保障。团体人身意外保险也因费用低、保障高、保险期间灵活、满足企业人员流动管理需要等特点深受企业的欢迎。

而在司法实践中，团体人身意外保险名义投保人与实际投保人不一致的情况比较多见，名义投保人与被保险人之间可能毫无关系，保险公司常以此为由拒绝理赔，此时保险合同的效力问题则是审理的重点。

保险利益，是指投保人或者被保险人对保险标的具有的法律上承认的利益。人身保险中，投保人对下列人员具有保险利益：(1) 本人；(2) 配偶、子女、父母；(3) 前项以外与投保人有抚养、赡养或者扶养关系的家庭其他成员、近亲属；(4) 与投保人有劳动关系的劳动者。除前款规定外，被保险人同意投保人为其订立合同的，视为投保人对被保险人具有保险利益。具体投保时，团体人身意外保险的被保险人总人数常常高达数百甚至数千人，人数众多，保险公司作为专业公司，与某些名义投保人保持长期合作关系，有时在与名义投保人订立合同时就投保人与被保险人之间的关系未尽必要的审查义务，基于保险合同的射幸性，此时，保险合同依然成立并发生法律效力，对保险人具有拘束力。实际投保人对被保险人具有保险利益或者被保险人同意投保人为其订立合同的，被保险人发生保险事故时，保险人应当遵守诚信原则，及时履行保险赔付义务，而不得以名义投保人对被保险人不具有保险利益主张保险合同无效进而拒绝理赔。

现实生活中，由于保险知识的普及率和人们的保险意识还有待提高，诚信建设和监管机制还不够健全等，保险活动中容易发生纠纷。为避免出现保险纠纷和问题，维护保险合同双方的利益，需要保险公司进一步完善制度建设，规范保险销售行为，切实提升服务水平，同样，保险客户也需要多了解保险知识，履行相关义务，保障保险合同的有效性，维护自己的保险权益。

编写人：江苏省南京市溧水区人民法院　程美霞

38

“符合承保条件”的判定应采用客观评价标准

——彭某诉光大保险重庆分公司保险合同案

【案件基本信息】

1. 裁判书字号

重庆市第一中级人民法院（2019）渝01民终6932号民事判决书

2. 案由：保险合同纠纷

3. 当事人

原告（被上诉人）：彭某

被告（上诉人）：光大保险重庆分公司

第三人：渝海公司

【基本案情】

2017年11月17日，投保人渝海公司向光大保险重庆分公司提交《光大永明团体建筑工程险投保单》就渝海公司承接的工程投保的险种及保险金额予以约定，并特别约定了意外残疾评残标准及对应的赔付比例，意外身故需提供区县级以上建委安全生产主管部门、安监局、公安局或派出所等政府部门出具的事故说明资料，发生事故、残疾事故24小时内报案。当日，渝海公司向光大保险重庆分公司转账支付保险费5800元。2017年11月30日，光大保险重庆分公司的工作人员在该投保单（第一联：保险公司联）中的“核保意见”栏签署“同意”。2017年12月1日，光大保险重庆分公司将前述5800元款项退还渝海公司，其后又将包括投保单在内的投保资料退还渝海公司。

2017年11月26日，彭某在渝海公司承接的前述涉讼工程务工时发生事故，其左手大拇指被搅拌机轧断，随即先后前往开州区第三人民医院和开州区人民医院就医，并先后产生医药费750.86元和3753.16元。2018年4月20日，彭某委托重庆市万州司法鉴定所对其伤残等级进行鉴定，该鉴定机构按照《劳动能力鉴定——职工工伤与职业病致残等级》鉴定标准于2018年5月8日出具《司法鉴定意见书》，鉴定彭某所受伤害属八级伤残。

2016年至2017年，渝海公司与光大保险重庆分公司之间就数个建筑工程项目发生多次团体建筑工程意外伤害保险业务往来，所形成的保险单中均有与本案投保单中内容相同的特别约定条款。但同时，该期间内，光大保险重庆分公司承保的其他主体投保的同类保险项目中亦存在与前述特别约定条款不同的情形。

【案件焦点】

1. 渝海公司的投保项目是否符合承保条件；2. 光大保险重庆分公司退回保险费是否影响合同成立。

【法院裁判要旨】

重庆自由贸易试验区人民法院经审理认为：首先，根据《最高人民法院关于适用〈中华人民共和国保险法〉若干问题的解释（二）》第四条的规定，核保期间发生保险事故，保险人主张不符合承保条件的，应当承担举证责任。承保条件应采客观评价标准，而非以保险人的主观陈述和其内部业务标准为依据。承保条件虽然也会体现保险人的特定风险偏好，但如果其在保险合同订立前未以适当的方式将这些主观条件进行对外公示，那么，在当事人对合同是否成立发生争议时，保险人不能以此作为合理的抗辩事由。相反，保险人应当就案件所涉投保事实的客观承保条件的具体构成及其判断的标准加以证明。其次，从光大保险重庆分公司既往承保的团体建筑工程意外险业务来看，相关保险合同的特别约定条款既有与本案投保单中所载内容相同的情形，也有相异的情形；在特别约定条款内容相同的情况下，其未举证证明案涉投保项目的承保条件与双方在临近期间内发生的其他数笔交易之间有何实质差异，故未完成证明案涉保险事项不符合承保条件的举证义务。最后，在满足“接受了投保单”“收取了保险费”“符合承保条件”三个要件后，保险人即应对相应保险事故承担保险责任，同时即应视为保险合同已经成立。不论保险人是否知晓该保险事故的发生，其在保险事故发生后向投保人退回保险费的行为并不影响保险合同的成立与生效，也不影响约定的保险责任的承担。

重庆自由贸易试验区人民法院依照《中华人民共和国保险法》第十条、第十一

条,《最高人民法院关于适用〈中华人民共和国保险法〉若干问题的解释(二)》第四条,作出如下判决:

一、光大保险重庆分公司于本判决生效之日起五日内支付彭某意外伤残保险金150000元、意外医疗保险金4504.02元;

二、驳回彭某的其他诉讼请求。

二审法院同意一审法院裁判意见。

【法官后语】

《最高人民法院关于适用〈中华人民共和国保险法〉若干问题的解释(二)》第四条设定了保险合同成立的特殊例外情形,但是,对于承保条件的判断标准问题,司法解释并未明确规定,司法实践中也存在诸多争议。本案裁判提出了承保条件认定的客观标准规则,对于类案审理具有参考和借鉴意义。

1. 认定"符合承保条件"应采取客观标准规则

承保条件是指保险人据以决定是否接受投保人对特定保险产品的要约的审查规则。实践中,保险人通常会预先制定统一的保险产品核保规则,设定具体的承保条件和审查标准。这些规则和标准是保险人基于其风险偏好而形成的,体现了该保险人的特定主观意图,因此可以称为承保条件判断的个别性规则或主观规则标准。但是,随着保险行业的日益发展和成熟,对于市场上典型的保险产品,各保险机构对投保人和被保险人的个体情况的审查判断内容已具有一定的共性,能够从中得出有关核保和承保条件的惯例性的客观规则要素。司法解释基于权利义务相一致原则、保险法最大诚信原则以及公平原则等综合考量,规定保险人对于核保"空白期"内发生保险事故后,投保"符合承保条件"的,保险人即应承担保险责任。基于同样的衡量准则,在承保条件的判断和认定上也应坚持客观标准的立场,以避免保险人恶意逃避保险责任的情形发生。

2. 交易习惯可作为客观可保条件的辅助判断因素

在保险行业,尤其是建筑工程团体保险领域,投保人一般为建筑工程的承包方或劳务分包方,其与保险人之间往往会建立较为长期的稳定合作关系,并就团体保险投保的条件和内容等形成一定的交易习惯。这些交易习惯通常可以作为识别保险人针对同一保险产品在核保规则和风险控制等方面的偏好,进而可以成为认定某一项具体投保是否符合承保条件的考虑因素。这类交易习惯虽然反映的主要是该特定保险人对于承保条件构成的主观标准，但是，就投保人而言，其对于这些习惯性规则也是预先明知的，因而已成为交易习惯的承保条件便具备了相对客观性，进而可以成为认定是否“符合承保条件”的客观标准之一。不过，交易习惯的认定条件也具有复杂性，在合同当事人之间发生的同种类交易频率较低的情形下，还是应当寻求以行业通常标准作为判断依据，并由保险人承担举证责任。

3. 保险人在空白期内退还保险费不影响合同成立

从合同成立原理的角度分析，投保人向保险人提交投保单的行为构成要约，保险人接受保险单以及保险费的行为是否构成承诺，则进一步取决于对承保条件的判断结果。符合承保条件的，则构成承诺，保险合同自保险人收到保险费之日成立。因此，只要投保人的投保客观上符合承保条件，在保险人进行核保的空白期内发生保险事故的，保险合同即已依法成立，并对当事人产生约束力。保险人在保险合同成立后又退还保险费的行为，并不会产生阻却合同成立或者解除合同的法律效果，故也不影响投保人主张保险责任的请求权的行使。但是，尽管如此，基于诚信原则和公平原则的考量，应当允许依法承担了保险责任的保险人再行向投保人主张给付相应的保险费。

编写人：重庆两江新区人民法院（重庆自由贸易试验区人民法院）　肖明明

39

损失补偿原则在人身保险合同中的适用

——仇某诉财保济南分公司保险合同案

【案件基本信息】

1. 裁判书字号

山东省济南市中级人民法院（2019）鲁01民终10882号民事判决书

2. 案由：保险合同纠纷

3. 当事人

原告（被上诉人）：仇某

被告（上诉人）：财保济南分公司

【基本案情】

2017年9月1日，仇某在济南市某中学上学期间，经由学校向财保济南分公司交纳保费60元，投保“状元乐”学生、幼儿意外伤害保险（2011），具体包括意外伤害保险、附加突发急性病身故保险、住院医疗保险、意外伤害医疗保险，其中住院医疗保险的保险金额为40000元，保险期限自2017年9月1日起至2018年8月31日止。

2018年7月25日至8月6日，仇某因气胸在山东省某医院住院治疗，共花费医疗费31354.11元，扣除医疗报销后，个人支付19685.57元。

2018年8月6日，仇某向财保济南分公司申请理赔，财保济南分公司于2018年10月15日作出意健险案件理赔决定通知书，决定对仇某的申请不予给付保险金，理由是本次住院医疗属于治疗既往症，未构成保险责任。仇某为维护其合法权益诉至法院，要求判令财保济南分公司支付保险赔偿金19685.57元。

另外，因仇某另在中国人寿保险股份有限公司济南市分公司投保国寿长久呵护住院费用补偿医疗保险，该保险公司已向其给付保险金5000元。

【案件焦点】

财保济南分公司是否负有理赔义务。

【法院裁判要旨】

山东省济南市章丘区人民法院经审理认为：仇某向财保济南分公司交纳保险费，财保济南分公司接受其投保，双方之间保险合同已成立并生效。第一，关于理赔义务，财保济南分公司辩称仇某系治疗既往症，依据保险条款第五条第六项“治疗既往症……发生的费用”，仇某此次住院系治疗既往症，属责任免除情形，因此不予理赔；仇某称涉案保险系在学校投保的，至今未见到保险单和保险条款。《中华人民共和国保险法》第十七条第二款规定，对保险合同中免除保险人责任的条款，保险人在订立合同时应当在投保单、保险单或者其他保险凭证上作出足以引起投保人注意的提示，并对该条款的内容以书面或者口头形式向投保人作出明确说明；未作提示或明确说明的，该条款不产生效力。《最高人民法院关于适用〈中华人民共和国保险法〉若干问题的解释（二)》第十三条规定，保险人对其履行了明确说明义务负举证责任。在诉讼过程中，财保济南分公司未提交证据证实其已向投保人履行提示和明确说明义务，因此，其所辩称的“治疗既往症”免责条款不生效，财保济南分公司应依约向仇某理赔。第二，关于理赔金额，仇某提交的保险单详细信息中显示住院医疗的保险金额为40000元，财保济南分公司提交的保险条款第四条约定了医疗费用的免赔额及赔付比例。《最高人民法院关于适用〈中华人民共和国保险法〉若干问题的解释（二)》第九条规定，保险人提供的格式合同文本中的责任免除条款、免赔额、免赔率、比例赔付或者给付等免除或者减轻保险人责任的条款，可以认定为保险法第十七条第二款规定的“免除保险人责任的条款”。具体到本案中，保险条款第四条的约定系免除和减轻保险人责任的条款，保险人应向投保人作出提示及明确说明，但财保济南分公司未能举证证明其履行了该义务，因此该条款亦不生效，财保济南分公司应在保险单载明的保险金额内赔付。

综合分析涉案保险合同的性质，涉案医疗保险合同属补偿性保险合同，应当适用损失补偿原则，即因同一保险事故被保险人要求各保险人支付的保险金超过实际发生的医疗费用的，人民法院不予支持。仇某的诉讼请求中包含了其已在中国人寿保险股份有限公司济南市分公司就同一笔医疗费用获得的理赔款5000元，法院适用损失补偿原则将该部分理赔款从仇某所诉数额中进行了扣除，故财保济南分公司应理赔金额为14685.57元（19685.57元-5000元)。

山东省济南市章丘区人民法院依照《中华人民共和国保险法》第十条、第十七条，《最高人民法院关于适用〈中华人民共和国保险法〉若干问题的解释（二)》第九条、第十三条规定，作出如下判决：

一、财保济南分公司于本判决生效之日起十日内给付仇某保险金14685.57元；

二、驳回仇某的其他诉讼请求。

财保济南分公司不服，提起上诉。山东省济南市中级人民法院经审理认为：财保济南分公司明确其主张拒绝赔偿的理由是仇某未履行如实告知义务。财保济南分公司未有证据证明仇某投保时，其向仇某或向仇某的监护人进行了询问。虽然《中华人民共和国保险法》第十六条规定，订立保险合同，保险人就保险标的或者被保险人的有关情况提出询问的，投保人应如实告知，但投保人告知的义务限于保险人询问的范围和内容。财保济南分公司未有证据证明仇某投保时，其向仇某或向仇某监护人进行了询问，故仇某或其监护人不负有如实告知的义务。财保济南分公司以此为由拒绝赔偿，证据不充分。

山东省济南市中级人民法院依照《中华人民共和国民事诉讼法》第一百七十条第一款第一项规定，作出如下判决：

驳回上诉，维持原判。

【法官后语】

损失补偿原则是指保险事故造成保险标的毁损，被保险人遭受经济损失，保险人给予被保险人经济赔偿，赔偿的标准恰好能填补被保险人遭受保险事故的经济损失。在损失补偿原则下，保险的目的在于补偿被保险人因保险事故造成的实际损失。因此，被保险人可获得的补偿以其保险标的在经济上恢复到保险事故发生之前的状态为限，而不是让被保险人获得多于或少于损失的补偿，尤其是不能让被保险人通过保险获得额外的收益。这个原则主要是为了维护保险双方的利益，从而防止道德风险的发生，防止被保险人因保险而获取不当利益。

随着社会经济的发展，保险行业推出的保险产品日益增多，人民群众投保意识也逐渐增强，现实中出现重复投保的现象。《中华人民共和国保险法》第五十六条规定，重复保险的投保人应当将重复保险的有关情况通知各保险人。重复保险的各保险人赔偿保险金的总和不得超过保险价值。除合同另有约定外，各保险人按照其保险金额与保险金额总和的比例承担赔偿保险金的责任。该条规定就是损失补偿原则在财产保险合同中的体现，即各保险人赔偿保险金的总和不得超过保险价值。

大多数的财产保险合同都适用损失补偿原则，但损失补偿原则并不是财产保险合同的特有原则。保险合同按保险标的不同划分为财产保险合同和人身保险合同，而人身保险合同按照合同的经济性质不同又划分为补偿性合同和给付性合同（定额合同），补偿性合同大多表现为医疗保险合同，此类保险系根据被保险人实际的医疗费用支出，按照合同约定的标准来确定保险金数额的医疗保险，给付金额不得超过被保险人实际发生的医疗费用金额，这便是损失补偿原则在人身保险合同中的适用，这一点在中国保监会《健康保险管理办法》第四条规定中有体现，即“费用补偿型医疗保险的给付金额不得超过被保险人实际发生的医疗费用金额”。

因此，损失补偿原则虽主要适用于财产保险合同，但也适用于部分人身保险合同，尤其是医疗保险合同。在审判实践中，不能简单地按照人身保险和财产保险进行分类，将损失补偿原则机械地理解为财产保险合同的特有原则而将人身保险中的健康保险等排除在外，应当根据保险合同的性质以及保险合同的约定进行综合分析，来判断涉案保险合同是否属补偿性保险合同。如属补偿性保险合同，被保险人要求各保险人支付的保险金超过实际发生的医疗费用的，人民法院不予支持。

在此也提醒广大消费者，在购买医疗保险时首先应区分医疗保险的性质，看是否属费用补偿性医疗保险，避免重复购买。

编写人：山东省济南市章丘区人民法院 路瑛

40

意外伤害保险合同中被保险人死因不明时的保险赔付诉讼举证规则

——范某诉财险宜兴公司意外伤害保险合同案

【案件基本信息】

1. 裁判书字号

江苏省宜兴市人民法院（2019）苏0282民初10106号民事判决书

2. 案由：意外伤害保险合同纠纷

3. 当事人

原告：范某

被告：财险宜兴公司

【基本案情】

范甲肢体残疾等级为叁级。宜兴市残疾人联合会为范甲在内的本市持证残疾人向财险宜兴公司投保了宜兴市持证残疾人团体人身意外伤害保险（未指定受益人），保险期限为二年，自2018年6月30日起至2020年6月29日止。险种包括：意外伤亡（保险金额10万元）、意外伤残（保险金额20万元）、丧葬补贴每人限额800元、法律费用（每次事故及累计诉讼费用赔偿限额为实际赔偿金额的5%）等。其中，意外是指外来的、突发的、非本意的、非疾病唯一引起的使身体受到伤害的客观事实，意外伤亡是指保险期内，被保险人遭受意外伤害事故，并因该事故身故，保险人按意外伤害保险金额给付身故保险金。

2019年7月27日，宜兴市公安局和桥派出所接到范某报警称，同村村民范甲早上买菜时摔死了，下午被人发现，已被抬至家中。民警接警后，出具接处警工作登记表，并载明：死者范甲于2019年7月27日上午出门买菜后一直未归，后于下午4时许被发现倒在家附近的小路边上，已经死亡，后其尸体被邻居抬至家中，经法医鉴定排除他杀，其家人表示无异议。后该所出具居民死亡医学证明（推断）书，死亡原因载明为摔倒。同年7月28日，范甲被注销户籍，死亡原因载明为其他非正常死亡。

事发后，范某等人在范甲死亡当日及之后与财险宜兴公司的工作人员微信联系赔偿事宜，但未达成一致意见。为此，范某作为范甲遗产受遗赠人诉至法院，要求财险宜兴公司支付保险赔偿金100000元、丧葬补贴800元、法律费用5000元。

财险宜兴公司辩称：根据保险条款的约定，本案中范某提供的证据不足以证明范甲死于意外，无法确定本案属于保险范围，需要范某继续补充证据证明范甲死于意外，否则应当承担举证不能的法律后果。

【案件焦点】

范甲是否系意外死亡的举证责任由保险金申请人承担还是保险人承担。

【法院裁判要旨】

江苏省宜兴市人民法院经审理认为：一方面，根据保险法规定，保险事故发生后，按照保险合同请求保险人赔偿或者给付保险金时，投保人、被保险人或者受益人应当向保险人提供其所能提供的与确认保险事故的性质、原因、损失程度等有关的证明和资料，说明保险金请求权人需要提出相应的证据证明发生了保险事故，其需尽初步的证明义务。本案中，原告范某提供的证据证明了范甲经法医鉴定排除他杀，在报案后公安部门出具的居民死亡医学证上载明的范甲死亡原因为摔伤，死亡注销登记上载明的死亡原因为其他非正常死亡。范某等人也将相关情况通知了财险宜兴公司。据此，范某作为一个正常合理的举证人提供了客观上其所能提供的全部证据，并无恶意规避的行为，与其举证能力相适应，而不应对其举证责任过于严苛，从而导致本案所涉的具有公益性的残疾人团体人身意外伤害保险失去应有的实质意义，故可以认定原告对范甲系意外死亡尽到了举证义务。另一方面，保险人有权以保险合同未成立、解除、无效或损失系除外原因造成等为由主张免责，但是抗辩的同时必须承担相应的举证责任。在本案原告已尽到初步证明义务的情况下，此时，对于范甲的确切死因的确定问题上，财险宜兴公司具有专业的经验和技术优势，对程序也比较熟知，故其举证能力相对更强，由其承担相应的举证责任更为合理，财险宜兴公司也应当在接到通知后及时对范甲的确切死因进行查勘，如果查勘后对其死因仍存有异议，可要求通过科学手段如尸检来确定，现财险宜兴公司未采取前述措施，将死因不明的意外死亡直接推定为非意外伤害死亡，证据不足，法院不予采信。保险人仍应承担理赔责任。

江苏省宜兴市人民法院依照《中华人民共和国合同法》第八条，《中华人民共和国保险法》第十条、第十四条，《中华人民共和国继承法》第三十一条之规定，作出如下判决：

财险宜兴公司于本判决发生法律效力之日起十日内给付范某105800元。

【法官后语】

保险赔付，是指保险事故发生后或者保险期间届满时，保险金申请人依照保险合同的约定向保险人申请给付保险金，保险人审核后予以支付的行为。一般而言，保险赔付诉讼的原告大都是保险金申请人，被告则是保险人，双方争议之焦点即为申请人主张保险事故及损失确已发生，保险人应按约赔付，保险人则认为事故非属保险事故或由于除外原因造成，保险人无需赔付，由此可见，保险赔付争议的解决实质即举证责任如何分配的问题。

根据《中华人民共和国保险法》第二十二条、第二十四条规定，在该类案件审理中，须将举证的对象（保险事故的发生原因）划分为引起保险事故发生的事件（保险事故的直接原因）与引起该事件的原因（保险事故的间接原因）两个部分，而这两个部分应由保险金请求权人与保险人分别承担举证责任。具体而言：

1. 保险金申请人的证明责任

（1）保险合同成立并合法有效

保险金申请人于起诉时，应向法院提交保险单、保险证及相应条款。但是，申请人因客观特殊原因无法提供完备的合同条款但能够证明合同关系存在的，作为存有格式保险单的保险机构也有义务提供相应合同。

（2）保险事故确系在保险期间发生

该项证明对象包括两个内容：一是事故发生在保险期间内；二是某项承保危险与事故的发生有直接的因果关系。实务中，该项证明责任可细化为提交事故发生的时间、地点、性质、情节、结果等证明资料，需要说明的是，保险事故认定的举证责任到位与否应视投保险种、举证能力、主观过错、履行义务程度、客观原因等多种因素的差别作出正确合理的认定，也就是准确把握证明标准，单纯对请求主张方苛以严厉的举证责任极有可能有失公正，也有悖签订保险合同的初衷。实践中，索赔人缺乏保险的专业素质和技能，加上保险事故的复杂性，不能对其要求过于严苛，否则妨碍其索赔，投保失去实质意义。本案中，保险金申请人在被保险人死亡后及时报警，同时立即向保险机构履行了告知义务，应当认定其是持善意、平常的心态来履行合同义务，并无恶意规避的行为，也应确认其已尽举证义务。

（3）被保险人或受益人确已遭受损失

保险标的确已遭受损失是保险赔付的前提条件，被保险人、受益人必须证明损失是客观存在的和直接的。

2. 保险人的证明责任

当被保险人、受益人主张赔付保险金时，保险人有权主张免责，但是抗辩的同时必须承担相应的举证责任，这既是保险人的权利，也是保险人的义务。保险人不能证明危险事故是由除外原因造成，又认为事故原因不具备完全的排他性时，不能认为保险人的拒赔理由成立，而应由其继续举证，也就是说当事件处于“真伪不明”的状态时，保险人该举证责任属于谁承担举证责任谁就承担败诉之不利益的“客观的举证责任”。此外，本案中财险宜兴公司完全可以通过申请尸检探明其死亡的真实原因，从而完成举证责任，而财险宜兴公司却放弃了这一方式，仅凭可能性判断被保险人并非死于意外，这更能说明财险宜兴公司举证义务未履行到位，不利后果将由保险人承担。

编写人：江苏省宜兴市人民法院　陈豪　孟钰洁

41

意外伤害保险合同中对工程范围存在争议时的保险责任认定

——张甲诉财保云阳服务部意外伤害保险合同案

【案件基本信息】

1. 裁判书字号

重庆市第二中级人民法院（2019）渝02民终1885号民事判决书

2. 案由：意外伤害保险合同纠纷

3. 当事人

原告（被上诉人）：张甲

被告（上诉人）：财保云阳服务部

【基本案情】

2018年8月7日，张甲委托其女儿张乙之夫叶某在财保云阳服务部处投保。叶某以其自己的名义投保了建筑工程团体人身意外伤害保险（2010版）和附加意外伤害医疗费用保险，保单抄件载明了投保人、工程名称、施工地址等信息。叶某在投保时向财保云阳服务部提交的《建筑工程承包合同》载明的发包方为张乙，承包方为叶某，且工程质量以施工图纸、国家颁发的施工验收规范和质量检验标准为依据。该投保所涉的工程施工过程中，工人龙某在水井施工过程中意外身故，张甲向龙某亲属赔偿后，龙某亲属书面同意将本次保险事故相对应的保险金请求权转让给张甲，张甲遂向财保云阳服务部申请理赔。财保云阳服务部拒赔，理由为：水井不属于保险合同的承保范围。张甲遂诉至法院，要求判令财保云阳服务部赔付保险金20万元。

【案件焦点】

保险公司能否以被保险人未告知投保工程具体范围为由拒赔。

【法院裁判要旨】

重庆市云阳县人民法院经审理认为：张乙与叶某是夫妻关系，叶某代张甲投保时提交的《建筑工程承包合同》中并没有明确工程的具体内容，财保云阳服务部在订立保险合同时应当对投保的工程作详细的了解，故财保云阳服务部以修建水井不属于保险范围拒赔没有事实和法律依据。

重庆市云阳县人民法院依照《中华人民共和国保险法》第十四条、第二十三条，《最高人民法院关于适用〈中华人民共和国保险法〉若干问题的解释（三）》第十三条之规定，作出如下判决：

财保云阳服务部于本判决生效后十日内向张甲给付保险金20万元。

财保云阳服务部不服一审判决，提起上诉。重庆市第二中级人民法院经审理认为：叶某代张甲投保时提交的《建筑工程承包合同》的发包方为张乙，承包方为张乙的丈夫叶某。在张乙、叶某夫妻与张甲共同居住的情况下，张乙为建设自家房屋将工程发包给其丈夫不符合常理；《建筑工程承包合同》与《房屋建设工程合同》载明的工程地点、建房面积一致，两份合同应系指向同一建设工程，即张乙自建房。在《建筑工程承包合同》中并未载明工程的具体内容，而在《房屋建设工程合同》中，明确载明了房屋配套设施为饮水水井及院坝硬化，故财保云阳服务部应尽到相应的核实义务，确认其承保的具体范围。现财保云阳服务部以《建筑工程承包合同》中未将水井包含在工程范围之内为由拒赔，没有事实和法律依据。

重庆市第二中级人民法院依据《中华人民共和国民事诉讼法》第一百七十条第一款第一项之规定，作出如下判决：

驳回上诉，维持原判。

【法官后语】

本案的主要争议在于保险公司认为投保人主张权利所涉及的水井修建未包含在《建筑工程承包合同》的工程范围之内，综合分析，此项争议主要涉及三个问题。

一是投保人是否尽到如实告知义务。《中华人民共和国保险法》第十六条明确规定投保人具有如实告知义务，根据保险最大诚信原则与对价平衡原则，在投保人与保险人信息不对称的情况下，需投保人尽到如实告知义务，使得保险人可正确评估其承保的风险，保险人根据投保人如实告知的情况，判断保险风险是否可承受以及保费的收取标准。本案中，投保人在投保时，已经向保险公司提交了《建筑工程承包合同》，从形式上看，相关资料已提交完毕，可以视为已经尽到了如实告知义务；从实质上看，保险人与投保人签订了保险合同，视为投保人已经按照保险人的要求尽到如实告知义务，且在投保后保险人未就投保工程的具体内容再次要求投保人补充或者完善，也未采取适当方式要求投保人进一步提交相关资料，双方的保险合同已经发生效力，说明保险人对工程投保的具体内容没有异议。在此情况下，不能强行再给投保人附加相关义务。

二是保险公司是否已尽到审查义务。保险公司依据其专业知识优势、从业经验，在制度设计上充分甚至过度强调投保人的最大诚信原则，会使如实告知义务成为“对投保人不利益的法律约束”。通常情况下，投保人的告知难以避免受到主观认识的限制，具有专业知识的保险人，应主动、充分地尽到审查义务，而非对投保人告知内容的消极确认。本案中，保险人明知投保人提交给保险人的《建筑工程承包合同》中发包人与承包人是夫妻关系，且该合同是为了投保而签订，具体投保内容应以当事人实际履行的合同为准，再加上投保人向保险人提交的保险合同仅载明工程地点、工程面积，并未载明工程范围，保险人作为保险业务的专业经营机构，在投保人已明确提供可供核实的工程现场线索，也具备现场核实条件的情况下，保险人应充分核实，尽到自身对被投保工程风险评估的义务。

三是诉争所涉项目与投保内容的从属性。确定该从属性，需要依照建设工程现行法律法规，并结合每项建设工程项目的具体内容。基本判断标准为，如果具体内容是建设工作项目必须具备的，可以确定为该建设工程项目的具体内容。本案中，从案件所涉的房屋建设工程来看，修建水井是该房屋建设的生产生活必要内容，从日常习惯角度可以确定为房屋建设的具体内容，虽然没有明确在投保的《建筑工程承包合同》中，但是不妨碍确定为该合同的具体内容，保险公司拒绝赔付的理由不能成立。

编写人：重庆市第二中级人民法院　陈俊颖

重庆市云阳县人民法院　覃辉

（二）重大疾病保险纠纷

42

保险人解除保险合同时超过两年不可抗辩期间的认定

——汪某诉人保重庆分公司保险合同案

【案件基本信息】

1. 裁判书字号

重庆市第三中级人民法院（2018）渝03民终209号民事判决书

2. 案由：保险合同纠纷

3. 当事人

原告（被上诉人）：汪某

被告（上诉人）：人保重庆分公司

第三人：冯某

【基本案情】

汪某与冯某系夫妻关系。2015年7月16日，冯某给汪某投保了“健康福星增额（2014）重大疾病保险”。保险期间为2015年7月17日起至被保险人终身。基本保险金额为30000元。保险费每年3393元，交费期间为10年。保险责任中重大疾病保险，合同约定共两款，与本案相关的是指被保险人因保险合同生效（或合同效力恢复）之日起一年后，经保险公司认可的专科医生确诊初次发生本合同所指的重大疾病。保险合同指的重大疾病包括严重冠心病。对投保人未履行如实告知义务的处理，合同明确约定人保重庆分公司有权解除合同，但自合同成立之日起超过两年的，人保重庆分公司不得解除合同，保险事故发生后，人保重庆分公司仍需给付保险金。2017 年 6 月 8 日，汪某突发疾病住院。2017 年 6 月 18 日出院。汪某的疾病被诊断为冠状动脉粥样硬化性心脏病等。其中，汪某所患冠状动脉粥样硬化性心脏病属保险合同约定的重大疾病范围。汪某出院后，认为所患冠状动脉粥样硬化性心脏病属保险合同约定的重大疾病范围，遂请求人保重庆分公司支付保险金。2017 年 8 月 31 日，人保重庆分公司以投保人未履行如实告知义务拒绝支付保险金和退还保险费。2017 年 10 月 30 日，汪某诉至法院。诉讼中，汪某撤回了要求返还保险费的诉讼请求。

【案件焦点】

人保重庆分公司是否有权解除保险合同。

【法院裁判要旨】

重庆市涪陵区人民法院经审理认为：案涉保险合同没有法定无效事由，属有效合同。合同明确约定，合同成立超过两年后合同不得解除合同，保险事故发生后，人保重庆分公司仍需给付保险金。本案保险合同成立时间是 2015 年 7 月 16 日，至 2017 年 8 月 31 日合同成立已超过两年，依照合同约定人保重庆分公司不得解除保险合同，保险事故发生后，仍需支付保险金。依前述约定，即使投保人有未履行如实告知义务的事实，由于超过解除合同的时限，依约人保重庆分公司仍应支付保险金。对保险金的数额，合同约定是按基本保险金额 ×（1 +3% ×保单经过整年度）的规则计算，但未对保单经过整年度是按合同生效日起到保险责任事故发生时止计算，还是按合同生效日起到保险金支付时止计算作出明确约定，按有利于被保险人解释的规则，认定是按合同生效日起到保险金支付时计算，确认这里的整年度数为 2 年，据此计算，人保重庆分公司应支付的保险金为 31800 元。对人保重庆分公司是否应向汪某返还保险费的问题，因汪某已撤回该请求，不予评判。

重庆市涪陵区人民法院依照《中华人民共和国保险法》第二十三条第一款、第二款规定，作出如下判决：

人保重庆分公司在判决生效后 10 日内，支付汪某保险金 31800 元。

人保重庆分公司不服一审判决，提起上诉。重庆市第三中级人民法院经审理认为：《中华人民共和国保险法》第十六条第三款规定，前款规定的合同解除权，自保险人知道有解除事由之日起，超过三十日不行使而消灭。自合同成立之日起超过两年的，保险人不得解除合同；发生保险事故的，保险人应当承担赔偿或者给付保险金的责任。该条款为我国保险法中的不可抗辩条款，强调了保险人行使解除保险合同的权利仅限于法律明文规定的期间，否则可抗辩期间经过，该权利即丧失。现人保重庆分公司于2017年8月31日才明确提出解除合同，已超过两年，根据法律规定其不得解除合同，保险事故发生后，其仍需支付保险金。

重庆市第三中级人民法院依照《中华人民共和国民事诉讼法》第一百七十条第一款第一项规定，作出如下判决：

驳回上诉，维持原判。

【法官后语】

该案涉及对我国保险法中的不可抗辩条款如何适用的问题。虽然我国在保险法中引入不可抗辩条款属于重大进步，但因引入较晚，该条款在我国的发展历史较短，其规定仍较简单、模糊，尚未形成完善的理论体系，导致在司法实践中对该条款如何具体适用存在诸多争议。该案对日益增多的保险合同纠纷中如何适用不可抗辩条款具有一定的参考价值。

1. 不可抗辩条款的适用情形

《中华人民共和国保险法》第十六条第三款规定："前款规定的合同解除权，自保险人知道有解除事由之日起，超过三十日不行使而消灭。自合同成立之日起超过二年的，保险人不得解除合同；发生保险事故的，保险人应当承担赔偿或者给付保险金的责任。"该条款为我国保险法中的不可抗辩条款，强调了保险人行使解除保险合同的权利仅限于法律明文规定的期间，否则可抗辩期间经过，该权利即丧失。这其中包括两种情形：一是保险人明知解除事由，可以从知道该解除事由之日起开始持续的三十天之内行使保险合同解除权；二是无论保险人是否知晓有解除保险合同的事由发生，从保险合同成立之日起算，一旦超过为期两年的可抗辩期间，保险人的合同解除权就当然丧失。换言之，保险人必须在法定的两年可抗辩期间内，积极展开核保工作并行使解除保险合同的权利，否则期间届满，保险人即不能再对投保人进行任何形式的抗辩，而应依据保险合同的约定，向被保险人或受益人履行给付保险金的责任。

2. 抗辩期内发生保险事故的适用问题

(1) 截止日如何确定的问题

如投保人在投保时未履行如实告知义务，而保险事故发生在两年抗辩期内，那么投保人、被保险人、受益人很可能为了获得保险金拖延至两年之后才向保险公司报案索赔，在此种情况下是否适用不可抗辩条款，将直接影响保险公司是否支付保险金。从我国保险法不可抗辩条款的规定来看，仅规定了自合同成立之日起超过两年的，保险人不得解除合同，并未规定是以被保险人事故发生之日、索赔发生之日抑或保险人作出理赔决定通知之日作为截止日。本案中，保险合同成立时间为2015年7月16日，汪某发生保险事故及住院时间为2017年6月8日至6月18日，保险公司抗辩称保险合同解除事项的产生应是从汪某住院治疗期间，但汪某出院后未及时而是延长到了合同满两年之后才申请索赔，是有意为了适用我国保险法第十六条的两年不可抗辩条款，如按此认定则加重了其风险责任。故保险法关于两年后不得解除保险合同应是自保险合同成立之日起至事故发生之日止满两年，本案不能适用该条款。但是，因现并无法律或司法解释对保险法第十六条中是以是否发生之日还是索赔发生之日作为截止日，应对格式条款作出不利于提供格式条款一方的解释。本案中，因二审法院对索赔申请书不予采信，结合交易习惯，应确定本案自保险合同成立之日（2015年7月16日）起至保险公司作出理赔决定通知之日（2017年8月31日）已满两年。

(2) 保险人是否明知解除事由的问题

结合本案在卷所有证据，保险公司为招揽业务，在投保前就已知晓汪某所患糖尿病的事实具有高度可能性，但其仍与之订立保险合同。且即便汪某的保险事故发生与其不如实告知有关，两年的期间经过之后，保险公司也不能解除合同。因为保险法第十六条的作用之一就是督促保险人积极进行调查核实，无论期间内是否发生保险事故，保险人都应当积极调查保险标的的现状，避免投保人利用不可抗辩规避责任。同时，保险人作为行业交易规则的制定者、保险产品的设计者、保险合同格式条款的提供者以及经济实力强大的商业实体，更应对所承保的保险标的风险谨慎核实，恪尽全面调查的义务，否则就必须接受因自身怠于核保而造成的损害后果。

编写人：重庆市第三中级人民法院　李健　张晓霞

43

保险人可以对保险等待期内发生的保险事故拒赔

——张某诉保险江阴服务部健康保险合同案

【案件基本信息】

1. 裁判书字号

江苏省江阴市人民法院（2019）苏0281民初4234号民事判决书

2. 案由：健康保险合同纠纷

3. 当事人

原告：张某

被告：保险江阴服务部

【基本案情】

2018年2月8日，张某与保险江阴服务部签订保险合同，保险计划包括附加一生保重大疾病保险B款和轻症疾病保险（B款），合同生效日为2018年2月8日。同日，张某签字确认电子投保申请确认书，确认保险江阴服务部履行了告知及明确说明义务。同日，张某交纳首期保费。

附加一生保重大疾病保险B款、轻症疾病保险（B款）加黑加粗约定本附加合同的等待期是指本附加合同生效（或最后复效）之日起90天内（含第90天）的期间。如果被保险人在等待期内发病或确诊患有本附加合同约定的任意一种疾病或轻症疾病，保险江阴服务部不承担保险责任，将无息退回本附加合同实际已交纳的保险费，同时本附加合同效力终止。但因意外伤害事故引起的疾病或轻症疾病无等待期；发病是指出现疾病的前兆和异常的身体状况，该疾病的前兆或异常的身体状况足以引起注意或应当引起注意并寻求检查、诊断、治疗或护理。

2018年5月4日，张某的健康体检报告载明左侧甲状腺结节性质待定。2018年5月7日，张某至医院进行彩色多普勒B型超声检查，无相应病历。报告单显示：左叶大小 38 毫米 ×13 毫米 ×11 毫米，上极见 5 毫米 ×4 毫米的低回声区，超声提示左侧甲状腺低回声结节。2018 年 5 月 17 日，张某进行左侧甲状腺部分切除术，病理检查报告单临床诊断为左甲状腺乳头状癌。

张某认为其并未出现疾病的前兆和异常的身体状况，去医院检查系单位统一组织的体检，随后的复查也是因为体检后建议进一步复查。故张某的情况并不属于在投保生效 90 天内发病的情况，保险江阴服务部不能以此拒赔。保险江阴服务部认为张某于 2018 年 5 月 7 日体检时发现有甲状腺结节性质待定，发病时间在保险合同约定的等待期内，所以不应承担理赔的责任，请求驳回张某的诉请。

【案件焦点】

保险等待期内发生保险事故，保险人是否应理赔。

【法院裁判要旨】

江苏省江阴市人民法院经审理认为：张某与保险江阴服务部签订的保险合同合法有效，保险江阴服务部应按约承担理赔责任。根据张某与保险江阴服务部签订的保险合同约定，发病是指出现疾病的前兆和异常的身体状况，该疾病的前兆或异常的身体状况足以引起注意或应当引起注意并寻求检查、诊断、治疗或护理。虽然甲状腺结节并不必然发展为甲状腺乳头状癌，但是张某于 2018 年 5 月 4 日体检发现患有左侧甲状腺结节性质待定，2018 年 5 月 7 日进行彩色多普勒 B 型超声检查为左侧甲状腺低回声结节，2018 年 5 月 17 日进行左侧甲状腺部分切除术，化验确诊为左甲状腺乳头状癌，可以判断张某于 2018 年 5 月 4 日体检、2018 年 5 月 7 日检查时已经出现足以引起注意或应当引起注意并寻求检查、诊断、治疗的疾病前兆或异常身体状况，符合等待期条款关于发病的约定，故对张某要求保险江阴服务部理赔重大疾病保险和轻疾保险的诉讼请求依法不予支持。

江苏省江阴市人民法院依据《中华人民共和国保险法》第十条、第十四条，《中华人民共和国民事诉讼法》第六十四条第一款之规定，判决如下：

驳回张某的全部诉讼请求。

【法官后语】

一方面，投保人与保险人在保险知识储备上存在差异，且保险人提供的保险合同基本上为格式文本，投保人的选择权在于所投险种，并不能自由更改合同条款。在订立合同时，投保人意思表达能力受限，处于劣势地位，故我国保险法要求保险人对免除其责任的条款进行提示和明确说明。另一方面，投保人投保时，保险人无法查清被保险人、被保险人标的的具体状态，投保人、被保险人、受益人可能利用信息优势实施欺诈行为，损害保险人的利益。保险合同亦是合同的一种，理应遵守合同法的诚实信用及意思自治原则，因此在处理保险合同纠纷时，固然应侧重保护投保人、被保险人的切身利益，但不能过犹不及，更不能为此破坏诚实信用和意思自治原则。

保险等待期是指保险合同在生效的指定时期内，即使发生保险事故，受益人也不能获得保险赔偿，目的是防止投保人明知道将发生保险事故，而马上投保以获赔的行为。保险等待期可以平衡投保人与保险人之间的权利义务，是保险人为了防止骗保而打造的一种自我保护功能，因此保险人在疾病险中设置保险等待期条款具有合理性，未免除保险人依法应承担的义务或者加重投保人、被保险人责任的或排除投保人、被保险人或者受益人依法享有的权利的，该条款对投保人具有约束力，并不属于《中华人民共和国保险法》第十九条规定的条款无效情形。但保险等待期条款系免除保险人责任的条款，应按《中华人民共和国保险法》第十七条规定对该条款的内容以书面或者口头形式向投保人作出明确说明，否则该条款不产生效力。

本案中，甲状腺结节是临床常见的病症，症状不明显，大多数属于良性结节，恶性病变虽不常见，但性质难以鉴别。该疾病的特点导致人们在日常生活中并不能及时发现，往往是在体检后才能诊断出来，张某很可能在投保时确实不知道其患有甲状腺结节或甲状腺乳头状癌。张某在保险等待期内诊断出其患有甲状腺结节，并在保险等待期过去几天后确诊为甲状腺乳头状癌，其可能在诊断出甲状腺结节前未出现疾病的症状，但不能据此认定其未发病，而是应该根据保险合同中对于发病释义的约定来确定其是否在保险等待期内发病。根据保险合同对于发病的释义，张某在保险等待期内诊断出甲状腺结节，足以引起注意或应当引起注意并寻求检查、诊断、治疗或护理，应认定为甲状腺乳头状癌发病，保险人可以免赔。

编写人：江苏省江阴市人民法院　陈艳红　刘晓成

44

保险人作出的《理赔决定通知书》未同时送达投保人和被保险人的效力认定

——谭某、胡某诉人寿黔江支公司保险合同案

【案件基本信息】

1. 裁判书字号

重庆市黔江区人民法院（2019）渝0114民初2047号民事判决书

2. 案由：保险合同纠纷

3. 当事人

原告：谭某、胡某

被告：人寿黔江支公司

【基本案情】

2017年4月28日，谭某（投保人）、胡某（被保险人）与人寿黔江支公司签订了保险合同，于2017年4月29日生效。在投保时，投保人和被保险人分别接受了人寿黔江支公司的全部询问，均如实告知，人寿黔江支公司在保险单第58～59页作了详细的书面记录，被保险人按规定过了合同约定的180天观察期，且投保人缴足了每年约定的保费。2017年11月12日，被保险人确诊患有肝硬化。出院后，人寿黔江支公司按保险合同的约定报销了被保险人的医药费和住院补偿及补贴等费用。2018年11月8日，被保险人肝硬化进一步恶化，人寿黔江支公司依然按保险合同的约定报销了被保险人的医药费和住院补偿及补贴等费用，但是人寿黔江支公司在投保人和被保险人毫不知情的情况下，于2018年12月26日单方作出《理赔决定通知书》并称自2018年11月12日开始解除保险合同，其理由是被保险人投保前即患胆汁反流性胃炎等病史未告知，且《理赔决定通知书》仅仅对被保险人进

行了送达。

投保人和被保险人认为，其在投保时已按人寿黔江支公司询问的全部内容分别作了如实告知，且人寿黔江支公司在保险单第58~59页作了详细的书面记录，其中没有投保人和被保险人未如实告知的书面记录，因此人寿黔江支公司以投保人和被保险人未如实告知为由解除合同的理由不符合法律规定和保险合同的约定。另外，根据保险合同第12条解除权的限制约定，前条规定的合同解除权，自本公司知道有解除事由之日起超过30日不行驶而消除。人寿黔江支公司解除合同的行为，违反了相关法律规定和保险合同的约定，投保人和被保险人认为该合同的解除无效，要求人寿黔江支公司继续履行合同。

【案件焦点】

保险公司的《理赔决定通知书》送达投保人、被保险人中的任何一方即可生效，还是应同时送达双方才能生效。

【法院裁判要旨】

重庆市黔江区人民法院经审理认为：投保人与人寿黔江支公司签订的保险合同内容不违反法律的强制性规定，合同合法有效，受法律保护，合同双方应当按照约定享有权利和履行合同义务。关于人寿黔江支公司于2018年12月26日作出的《理赔决定通知书》：其一，从对象看，是对被保险人的答复和送达，没有对投保人通知和送达；其二，从拒赔和解除合同的理由看，是投保前即患胆汁反流性胃炎等病史未告知，但告知的内容中没有明确约定患胆汁反流属于可保资料中第12条第e项中的慢性胃肠炎，故人寿黔江支公司解除合同的理由不能成立；其三，从合同解除时间看，人寿黔江支公司于2018年12月26日作出《理赔决定通知书》，自认保险合同于2018年11月12日解除，于2018年12月29日向被保险人送达，两者相差47天，超过了《富德生命健康无忧A款重大疾病保险条款》第11条、第12条中的投保人因故意或重大过失未如实履行告知义务的，自被告公司知道有解除事由之日起超过30日不行使而消灭的约定。因此，该《理赔决定通知书》无效，原告请求继续履行保险合同的主张，予以支持。

重庆市黔江区人民法院依照《中华人民共和国民法总则》第一百七十六条，《中华人民共和国合同法》第五十二条第五项、第六十条、第一百零七条，《中华人民共和国保险法》第十条、第十六条及《中华人民共和国民事诉讼法》第六十四条之规定，判决如下：

人寿黔江支公司于2018年12月26日作出的《理赔决定通知书》无效，保险合同继续履行。

【法官后语】

伴随现代经济与社会的发展，许多问题逐步凸显出来，如该案中涉及保险合同解除的通知对象问题并没有明确的规定。通过该案，笔者对完善我国保险合同制度解除权有几点浅陋的建议。

1. 明确规定投保人和保险人的通知义务和通知对象

在我国保险法中，投保人在行使合同解除权时并没有较为严格的限制与规定，致使投保人可以在合同的约定与法律规定的权利义务内行使解除权，不受保险人约束。这样的规定虽然最大限度地保护了投保人的权利和义务，使投保人的权益得到了有效的保障，但是对于保险人而言存在着较大的风险，合同解除是对被保险人形成的一种较大的威胁。所以，在保险法中应该规定投保人在行使解除权时要有通知的义务，并同时规定，不论是投保人还是保险人行使解除权时通知对象除保险合同相对方外，还应通知受益人和被保险人。

2. 明确行使解除权的条件

目前我国相关法律法规中并没有对行使解除权的条件以及方式进行明文规定，使得保险人与被保险人在行使解除权时无据可寻。投保人与保险人作为保险合同中重要的主体，在满足行使解除权的条件下可以行使解除权；但是在保险行业中，存在保险人、投保人以及受益人不是同一人的现实情况，如果不完善行使解除权的条件与内容，很可能会造成投保人或者保险人随意行使解除权，伤害受益人的利益。此外，在投保人死亡的情况下，其他直系亲属或者受益人是否可以行使解除权，法律也应该有明确的规定。

3. 进一步明确保险合同解除后的追溯力

保险合同在行使解除权后是否还具有追溯力，在保险法中没有任何的具体规定，致使该问题成为保险行业中比较有争议的问题，保险合同解除后追溯力在保险法中的进一步明确将更有利于司法实践的应用。

随着时代与经济的发展，应该针对目前存在的问题与缺陷，积极研究科学合理的解决办法，完善相关法律法规，使得保险合同中各方利益得到有效的保障，促进我国保险行业健康稳定发展。

编写人：重庆市黔江区人民法院　蒋小清　冯秀萍

45

复效制度在保险合同中的适用

——孙某诉人保石河子公司健康保险合同案

【案件基本信息】

1. 裁判书字号

新疆生产建设兵团第八师中级人民法院（2019）兵08民终597号民事判决书

2. 案由：健康保险合同纠纷

3. 当事人

原告（上诉人）：孙某

被告（被上诉人）：人保石河子公司

【基本案情】

2014年5月20日，孙某、人保石河子公司签订了一份《保险合同》（康健吉顺定期防癌疾病），该合同由“首期保险费发票”“保险单”“现金价值表”“保险条款”等部分组成。“保险单”约定，孙某每年向人保石河子公司交纳1299元保险费；首次交纳保险费日期为2014年5月20日，交费方式为年交，交费期间为20年，续期保险费交费日期为每年5月21日；合同生效日期为2014年5月21日；保险期间为2014年5月21日至2039年5月20日。“保险条款”约定，本合同的交费方式和交费期间由您和本公司约定，但须符合本公司当时的投保规定，约定的交费方式和交费期间将在保险单上载明；续期保险费的交纳、宽限期：本合同续期保险费应按保险单所载明的交费方式和交费日期交纳，您应该在所选择的交费期间内每年交纳保险费，交纳保险费的具体日期为当年的保单生效对应日（详见释义），并在保险单上载明。如到期未交，自保险单所载明的交费日期的次日零时起60日为宽限期。宽限期内发生保险事故的，本公司承担保险责任，但在给付保险金时将扣减您欠交的保险费。合同的效力中止：除另有约定外，您逾宽限期仍未交纳续期保险费的，本合同自宽限期满的次日零时起效力中止；合同效力的恢复：本合同效力中止后两年内，您可以申请恢复本合同效力。经本公司与您协商并达成协议，自您补交保险费之日起，本合同效力恢复。自本合同效力中止之日起满两年双方未达成复效协议的，本公司有权解除本合同，并退还宽限期开始前一日保险单的现金价值。该保险条款释义提到："保单生效对应日"为保单生效日每年的对应日；"现金价值"指保单所具有的价值。通常体现为解除合同时，根据精算原理计算的，由本公司退还的那部分金额。保单年度末的现金价值金额在现金价值表上载明，保单年度之内的现金价值金额您可以向我们查询。保险条款对其他事项也作了约定。

合同签订后，孙某向人保石河子公司交纳了2014年、2015年、2016年的保险费。因孙某未按约定交纳2017年的保险费，2017年7月11日，人保石河子公司的工作人员给孙某发短信告知：因孙某投保的涉案保险未按期交纳保险费，保单将于2017年7月20日失效。告知孙某尽快交纳保险费。2019年2月22日，孙某到人保石河子公司处要求续交保险费，双方未能达成协议。

【案件焦点】

孙某要求人保石河子公司继续履行保险合同有无事实及法律依据。

【法院裁判要旨】

新疆维吾尔自治区石河子市人民法院经审理认为：原、被告签订《保险合同》（康健吉顺定期防癌疾病保险），系双方真实的意思表示，且不违反法律法规的强制性规定，该合同合法有效。双方均应按合同约定行使权利、履行义务。根据合同约定，原告续交保险费的日期为每年5月21日，2017年度的交费时间为2017年5月21日，宽限期为次日起60日内，宽限期满的次日零时起也即2017年7月22日零时合同效力中止。原告未在宽限期内向被告交纳2017年度的保险费，双方签订的保险合同效力中止。合同中止后，原告要求恢复合同应与被告达成协议，合同中止期间原告与被告未达成协议，原告请求判令被告继续履行合同与法不合，该院不予支持。原告称被告的业务员告知保险费在2019年3月20日前交清都不算过期，但未提供证据证实，该院不予采信。

新疆维吾尔自治区石河子市人民法院依照《中华人民共和国保险法》第三十六条第一款、第三十七条规定，作出如下判决：

驳回孙某的诉讼请求。

孙某不服一审判决，提起上诉。新疆生产建设兵团第八师中级人民法院经审理认为：上诉人与被上诉人签订的康健吉顺定期防癌疾病保险合同系当事人双方真实意思表示，不违反法律、法规的禁止性规定，合法有效，对合同双方具有约束力。当事人双方均应按照合同的约定享受权利履行义务。合同签订后，上诉人在按时缴纳2014年、2015年、2016年三期保费后，因上诉人个人原因，其未能按照合同约定的日期缴纳后续保费，导致保单在宽限期届满后于2017年7月22日零时中止。在保险合同中止后未满两年内，上诉人向被上诉人申请恢复保险合同的效力，并递交了保全作业申请书、新疆维吾尔自治区人民医院出具的出院诊断证明及上诉人填写的健康告知书，表达了交纳保险费，恢复合同效力的意愿。《最高人民法院关于适用〈中华人民共和国保险法〉若干问题的解释（三）》第八条第一款规定："保险合同效力依照保险法第三十六条规定中止，投保人提出恢复效力申请并同意补交保险费的，除被保险人的危险程度在中止期间显著增加外，保险人拒绝恢复效力的，人民法院不予支持。"被上诉人根据保险合同中复效规则进行审查时，认为上诉人在合同效力中止期间发生的疾病主要是继发性高血压（三期）、脑缺血灶等疾病，造成其危险程度显著增加。且足以影响保险人决定是否同意恢复保险或者提高保险费率。另根据康健吉顺定期防癌疾病保险条款第3.4条规定，保险合同中止后两年内，被保险人可以申请恢复合同效力，但是必须与保险人达成协议。本案中，上诉人与被上诉人就是否复效保险合同，未能达成合意。故上诉人要求被上诉人继续履行与其签订的保险合同于法无据，其上诉理由法院不予采纳。

新疆生产建设兵团第八师中级人民法院依照《中华人民共和国民事诉讼法》第一百七十条第一款第一项的规定，作出如下判决：

驳回上诉，维持原判。

【法官后语】

近年来，随着我国保险业的快速发展，保险合同纠纷案件不断增加，由此引发的问题日益突出。维护投保人的保险利益，保障保险人的社会经济效益，平衡投保人与保险人之间的利益，对保险行业的繁荣发展有着重要的意义。

保险合同是投保人约定保险权利义务关系的协议，而保险费是指投保人为换取保险人承担危险赔偿责任支付的对价。缴纳保险费是投保人的一项基本义务，涉及投保人的切身经济利益。孙某在连续交纳三年保险费后，在第四年未按时交纳保险费，孙某未按约定履行保险义务，但保险合同并未因此解除，而是给孙某一个补救机会。在未支付当期保险费次日起给宽限期60日，宽限期届满后亦未交纳保险费，此时保险合同处于中止状态并未解除，投保人可以自保险合同中止之日起两年内与保险人协商达成一致意见继续履行合同。这就是保险法上所谓的“复效制度”，其是人身保险合同领域一项特殊的制度。人身保险合同复效制度的立法价值在于，能够更加充分地满足保险合同各方当事人的利益需求，确保各自利益的充分实现。本案中保险合同中止未满两年，若孙某与人保石河子公司达成一致意见，仍可继续履行合同，复效制度虽保障了孙某的保险权利，但因孙某未按约定交纳保险费，忽视保险合同权利义务的约束，复效制度在保障孙某权利的同时，亦在一定程度上限制其权利。在保险合同中止未满两年的情况下，是否继续履行合同，需要与保险人协商一致，此时，孙某处于被动地位，人保石河子公司处于主动地位，其对保险合同能否复效享有主动权，若保险人不同意继续履行合同，则保险合同解除，为限制保险人的复效决定权，我国保险法对此进行了限制，除非被保险人的危险程度在中止期间显著增加，否则只要投保人提出复效申请，并补交保险费后，保险人就应当同意复效。如此规定，能够防止保险人随意拒绝复效，更好地保护投保人的利益，更利于当事人利益的平衡。投保人在保险合同有效期间应按约定积极主动履行义务，避免因个人疏忽而怠于履行义务，限制个人权利。

保险法是民法中的特别法，诚实信用原则与平衡原则是保险法明显的特征。保险本质上是将被保险人的风险转移给保险人的一种协议。由于保险人承保的保险标的之风险处于不确定之状态，因此保险人无论于缔约时或缔约后关于危险的掌握及控制在事实上几乎立于无能之地位。同时，由于保险合同为继续性合同，若危险严重超出缔约时保险合同所承保的程度，势必会提高保险事故发生的概率，从而加重保险人的义务，破坏原有的对价平衡。因此，当保险标的危险程度显著增加时，被保险人应当按照合同约定及时通知保险人，以便保险人决定是否增加保费或者解除保险合同，此即危险增加的通知义务。保险合同的订立是建立在保险人对承保风险准确评估基础之上的，一旦保单签发后，保险人总是希望在保险期间内承保风险保持稳定。与保险人相反，投保人并不希望自己的行为受到限制。为了保护保险人的合法权益，我国的保险法规定，在保险期间内如果保险标的危险程度显著增加，保险人有权按照合同约定增加保险费或解除保险合同。本案中，虽然保险合同处于中止状态可能复效，但因孙某在医院诊断出继发性高血压（三期）、脑缺血灶等疾病，造成其危险程度显著增加，故人保石河子公司决定解除保险合同。

编写人：新疆生产建设兵团第八师中级人民法院　禹文

46

人身保险合同中合同解除权的行使

——陈某诉人保豫南分公司人身保险合同案

【案件基本信息】

1. 裁判书字号

河南省西平县人民法院（2019）豫1721民初1831号民事判决书

2. 案由：人身保险合同纠纷

3. 当事人

原告（反诉被告）：陈某

被告（反诉原告）：人保豫南分公司

【基本案情】

2018年6月15日，陈某与人保豫南分公司签订《个人人身保险合同》，陈某支付了首期保险费，双方约定陈某购买被告“金佑人生终身寿险（分红型）A款（2017版）”和“附加金佑人生提前给付重大疾病保险A款（2017版）”，保险期间为2018年6月16日至终身，保险费分别为3690元/年、1440元/年，按年分10次交清，保险金额为50000元。《附加金佑人生提前给付重大疾病保险A款（2017版）条款》第2.1条约定：本附加险合同的有效保险金额为主险合同的有效保险金额。第2.3条就特定疾病提前给付保险金事项约定：在本附加合同生效之日起180日后因意外伤害以外的原因被确诊初次发生附加险合同约定的特定疾病，我们按本附加险合同有效保险金额的20%给付特定疾病提前给付保险金予重大疾病保险金受益人。该条就保险费豁免事项作如下约定："若被保险人符合特定疾病提前给付保险金给付条件，我们除给付特定疾病提前给付保险金外，对分期支付保险费的投保人，按以下约定豁免主险合同及本附加险合同的保险费：自被保险人被确诊初次发生本附加险合同约定的特定疾病后的首个保险费约定支付日起，我们每年于保险费约定支付日豁免主险合同及本附加险合同当期应支付的保险费，直至附加险合同终止；被豁免的保险费视为已支付。"2019年1月7日，原告陈某因患脑梗死在西平县人民医院住院治疗，2019年1月16日出院。陈某在住院期间向被告公司告知了其住院一事，并于出院后及时申请了理赔，但被告公司以陈某投保时隐瞒病史为由拒绝赔付。

陈某曾因患冠状动脉硬化性心脏病、高血压病、高脂血症等病，于2015年11月19日至2015年12月3日在西平县中医院住院治疗。《附加金佑人生提前给付重大疾病保险A款（2017版）条款》对特定疾病进行了明确，脑梗死在第10.1.3条中予以列明，属于特定疾病。

【案件焦点】

1. 被告是否应当给付原告保险金一万元及豁免以后的保险费；2. 本案被告主张解除合同，本案保险合同是否应当解除。

【法院裁判要旨】

河南省西平县人民法院经审理认为：依法成立的合同，对当事人具有法律约束力。当事人应当按照约定履行自己的义务，不得擅自变更或者解除合同。本案中，原告陈某与被告订立的《人身保险合同》系双方真实意思表示，应受法律保护，双方应当按照合同约定履行自己的义务。该保险合同签订后，原告依约向被告交纳了首期保险费，现被保险人陈某在保险合同生效180日后患有脑梗死，被告应依约向原告支付保险金10000元，并豁免原告交纳“金佑人生终身寿险（分红型）A款（2017版）”和“附加金佑人生提前给付重大疾病保险A款（2017版）”后期的保险费。关于被告是否有权解除双方所签保险合同的问题，《中华人民共和国保险法》第十六条第二款、第三款规定，投保人故意或者因重大过失未履行前款规定的如实告知义务，足以影响保险人决定是否同意承保或者提高保险费率的，保险人有权解除合同。前款规定的合同解除权，自保险人知道有解除事由之日起，超过三十日不行使而消灭。《最高人民法院关于适用〈中华人民共和国保险法〉若干问题的解释（二）》第八条规定，保险人未行使合同解除权，直接以存在保险法第十六条第四款、第五款规定的情形为由拒绝赔偿的，人民法院不予支持。但当事人就拒绝赔偿事宜及保险合同存续另行达成一致的情况除外。根据保险单显示，被告公司为陈某办理保险业务的业务员为于某，经庭后向于某核实，原告在出院后及时申请了理赔，被告公司当时即以原告隐瞒病史为由予以拒绝，可知被告公司在原告提起诉讼前已得知原告之前患病事项，至本案开庭审理时已超过30日，被告解除权已消灭。在该保险合同未被解除的情况下，对双方仍具有约束力，被告应当按照保险合同的约定承担给付原告保险金的责任，并豁免原告交纳后期保险费。

河南省西平县人民法院依照《中华人民共和国合同法》第八条、第六十条，《中华人民共和国保险法》第十六条第一款、第二款、第三款，《最高人民法院关于适用〈中华人民共和国保险法〉若干问题的解释（二）》第八条之规定，作出如下判决：

一、人保豫南分公司于本判决生效后五日内给付陈某保险金10000元；

二、豁免陈某向人保豫南分公司交纳“金佑人生终身寿险（分红型）A款（2017版）”和“附加金佑人生提前给付重大疾病保险A款（2017版）”自第二保单年度起的保险费共计46170元；

三、驳回人保豫南分公司解除合同的诉讼请求。

【法官后语】

随着经济的发展，人们的保险意识在最近几年明显提高，尤其是年轻人越来越重视人身保险。很多年轻人在为自己购买人身保险的同时，对家中的老人也普及保险知识，现在越来越多的老人也开始购买人身保险，但是由于年纪较大，有时会存在自身有既往病史的情况。与一些国家相比，我国的保险行业起步较晚，在运营过程中不可避免地会走弯路，在业务承保方面，大部分保险公司都会出现在承保时条件说得很宽泛，恨不得将天下人的保险全都收上来，结果理赔时却开始审查客户投保时是否存在限制条件，出现“打马后炮”的行为。随着客户维权意识的增强，涉及人身合同纠纷的案件呈现出增长的态势，客户因保险公司拒绝理赔或要求解除保险合同的纠纷也时有发生。

依据《中华人民共和国保险法》第十六条第二款“投保人故意或者因重大过失未履行前款规定的如实告知义务，足以影响保险人决定是否同意承保或者提高保险费率的，保险人有权解除合同”规定，投保人在投保时违反了如实告知义务，足以影响保险人决定是否同意承保或者提高保险费率的，保险人是享有保险解除权的。但是并不能简单地认为只要出现类似情况，保险人就可以无限制地随时解除合同。依据《中华人民共和国保险法》第十六条第三款“前款规定的合同解除权，自保险人知道有解除事由之日起，超过三十日不行使而消灭”的规定，法律对保险人的合同解除权行使时间作出了时间限制，即在保险人知道解除事由之日起三十日内。并且在《最高人民法院关于适用〈中华人民共和国保险法〉若干问题的解释(二)》第八条“保险人未行使合同解除权，直接以存在保险法第十六条第四款、第五款规定的情形为由拒绝赔偿的，人民法院不予支持”的规定中作出了补充。

就本案而言，陈某虽在投保时隐瞒了自己的病史，但其与被告订立的《人身保险合同》系双方真实意思表示，应受法律保护，双方应当按照合同约定履行自己的义务。在保险合同约定的赔偿事由出现后，根据法律规定，保险人可以依法行使自己的合同解除权，但其在规定时间内没有行使合同解除权，导致解除权消灭，现在保险公司要求解除合同不应得到支持。在该保险合同未被解除的情况下，对双方仍具有约束力，被告应当按照保险合同的约定承担给付原告保险金的责任。

编写人：河南省西平县人民法院　黄娟

47

如实告知内容应以真实询问内容为限

——何某诉人寿重庆公司人身保险合同案

【案件基本信息】

1. 裁判书字号

重庆市第五中级人民法院（2019）渝05民终3049号民事判决书

2. 案由：人身保险合同纠纷

3. 当事人

原告（上诉人）：何某

被告（被上诉人）：人寿重庆公司

【基本案情】

2015年6月23日，何某因患右中肺腺癌（IB期）住院治疗，同年7月1日出院。2017年，人寿重庆公司工作人员杨某电话联系何某，向其推介保险产品。何某愿意投保健康险。杨某通过电话方式向何某询问在过去的两年内有没有住院或接受医生的手术建议、曾经患有、正在患有或者被怀疑患有任何疾病等内容，何某回答没有。后何某与杨某通过微信进行如下对话：何某陈述做过手术“切了一小块肺”。杨某询问“现在不影响生活吧”。何某答复“不影响，完全好了，我办了病退休了”。杨某答复“那就没问题。只要不影响生活而且完全好了就没问题”。何某询问能否通过审核，杨某表示“不知道能不能通过审核，要提交核保部门才知道”。双方还就缴费标准和期限做了沟通，并商定先扣缴保险费再发送保单。

人寿重庆公司在收取相关保费后，向何某邮寄了保险合同、保险单、投保确认书。对于投保单健康告知书询问事项下的第三项（“过去两年内您是否接受过医师的住院或手术建议”）及第五项（“您是否曾经患有、正患有或者被怀疑患有以下一种或几种疾病：A癌症、肿瘤、肿块、息肉、囊肿……”），何某均勾选为否定回答。投保确认书及保险合同签收回执载明："当您查收保单时，请确认如下事项：本人已仔细阅读保险合同中投保单的各项信息和内容，确认（包括客户信息、保险计划、转账授权、被保险人健康告知事项等）无误，特别是被保险人健康告知事项，确认与投保时所陈述的内容一致。"何某在保险合同签收回执中投保人签名处签名，落款时间为2017年6月23日。

2018年7月25日，何某体检时发现患右肺中叶腺癌（IVa期）。何某以患保险合同约定疾病为由，向人寿重庆公司提出理赔申请。同年9月5日，人寿重庆公司以何某投保时已患肺癌而在投保时未告知，严重影响了人寿重庆公司的承保决定为由，不同意承担保险责任，并解除了双方签订的保险合同。

【案件焦点】

本案存在两套问询资料，一套是保险员在电话问询基础上补充完成作为保险资料交付投保人签收的问询表，另一套是电话录音。当两者存在差异时，如何判断何某是否履行了如实告知义务。

【法院裁判要旨】

重庆市南岸区人民法院经审理认为：何某在2015年6月被诊断为患右中肺腺癌。在投保过程中，经人寿重庆公司员工询问，何某未如实告知其所患疾病，而何某所患疾病严重影响人寿重庆公司是否同意承保或提高保费。《中华人民共和国保险法》第十六条第五款规定："投保人因重大过失未履行如实告知义务，对保险事故的发生有严重影响的，保险人对于合同解除前发生的保险事故，不承担赔偿或者给付保险金的责任，但应当退还保险费。"人寿重庆公司作出不承担保险责任的理赔决定，具有事实和法律依据，一审法院对何某要求人寿重庆公司支付保险金的诉讼请求不予支持。

重庆市南岸区人民法院依照《中华人民共和国合同法》第四十四条、第六十条，《中华人民共和国保险法》第十六条第一款、第四款的规定，判决如下：

驳回何某的诉讼请求。

何某不服一审判决，提起上诉。重庆市第五中级人民法院经审理认为：涉案保险合同的纸质文件在何某交纳相关保费、人寿重庆公司签发保单后才邮寄给何某，因此前述文件是保险合同成立后何某才收到的。上述文件中关于对疾病情况的询问表，可以作为认定问询事实的佐证，但鉴于双方是通过电话及微信订立的保险合同，实际的问询情况应以真实的通话记录为准。

双方通过电话和微信沟通，这两种沟通方式中有关疾病问询的部分，都应纳入分析判断。人寿重庆公司工作人员电话询问所患何种疾病时的用语为“是否曾经患有、正患有或者被怀疑患有任何疾病”。何某都回答没有。此后何某认为不妥，通过微信告知人寿重庆公司工作人员他的肺部部分被切除，但在理赔前没有主动告知自己患癌症的事实。

包括投保单询问表在内的纸质文件，是何某与人寿重庆公司工作人员沟通后保险公司所填，保险合同成立后才交付何某，该询问表与电话和微信沟通不一致的，应以实际的电话和微信沟通内容为准。就所患何病而言，人寿重庆公司并未如投保单询问表记载的询问了是否患癌症等具体疾病，电话询问的真实内容是“是否曾经患有、正患有或者被怀疑患有任何疾病”。一个四十多岁的人，不可避免都“曾经患有、正患有或者被怀疑患有任何疾病”，而且“任何疾病”过于概括而无具体内容。既然并未实际询问何某是否患癌症，人寿重庆公司以何某没有如实告知患癌症的事实拒绝赔偿缺乏事实依据和法律依据。

重庆市第五中级人民法院依照《中华人民共和国保险法》第十六条、《最高人民法院关于适用〈中华人民共和国保险法〉若干问题的解释（二）》第六条、《中华人民共和国民事诉讼法》第一百七十条第一款第二项规定，判决如下：

一、撤销重庆市南岸区人民法院（2018）渝0108民初19502号民事判决；

二、人寿重庆公司于本判决生效后十日内支付何某6万元。

【法官后语】

本案的争议焦点是投保人何某在向人寿重庆公司投保重大疾病保险时是否履行了如实告知义务。投保人应当向保险人履行如实告知的义务，但是如实告知义务存在一定的范围，应当以保险人的“询问”为限。

1. 如实告知范围的确定

保险法第十六条第一款规定：“订立保险合同，保险人就保险标的或者被保险人的有关情况提出询问的，投保人应当如实告知。”我国保险立法采取的是询问告知主义模式，投保人并非履行无限告知义务。如实告知的意义在于帮助保险人判断是否同意承保或确定保费费率。就保险合同能否订立而言，保险人具有最终的决定权，而且保险公司对影响保险合同订立的事项比投保人具有更专业的知识，更清楚哪些因素可能会影响到承保。因此，法律赋予保险人询问权，对影响承保的重要事项进行询问。对保险人没有询问的事项，投保人没有告知不构成对告知义务的违反。保险人应当对其询问事项设计上的疏漏及没有严格执行承担不利后果。

2. 询问范围的确定

《最高人民法院关于适用〈中华人民共和国保险法〉若干问题的解释（二）》第六条规定，投保人的告知义务限于保险人询问的范围和内容。当事人对询问范围和内容有争议的，保险人负举证责任。保险人以投保人违反了对投保单询问表中所列概括性条款的如实告知义务为由请求解除合同的，人民法院不予支持。但是该概括性条款有具体内容的除外。不同的保险合同有不同的询问事项，而保险公司为便于操作，通常设计了相应的投保询问表。询问事项虽有不同，但是应做到具体明确，以使投保人能够有针对性地、清晰地回答保险人的询问。询问事项过于模糊，则会增大投保人和保险人双方的风险。

本案保险人通过电话询问被保险人的身体健康状况。订立合同前，在患有何种疾病方面只是概况询问是否曾经患有、正患有或者被怀疑患有任何疾病。与合同订立后发送的书面询问表内容不完全一致（询问表中在患有何种疾病方面列有具体的疾病名称）。鉴于保险合同成立时保险人未将书面询问表发送投保人，关于“任何疾病”的提问过于概括而无具体内容，应认定至保险合同订立，保险人实际并未询问投保人是否患癌。

3. 如实告知的认定

诚信原则是民法的基本原则之一，而保险所具有的特殊性，使保险合同相较其他商事合同对诚实信用有着更高的要求。根据保险法的规定，投保人对保险人的询问负有如实告知义务，投保人对尽到如实告知承担举证责任。本案通过电话投保，投保人在电话中对保险人的询问予以了回答。此后，投保人觉得回答不妥，通过微信再次与保险人沟通，告知保险人做过手术，肺部切除部分。保险人未询问因何原因切除部分肺部，而是询问保险人是否痊愈、是否影响生活，投保人据实回答了相关问题。保险人的工作人员代投保人填写投保单健康告知书，应当根据投保人的回答实事求是地填写。当书面填写内容与投保人的回答不一致时，不能简单地根据保单上载明的“本人已仔细阅读保险合同中投保单的各项信息和内容，确认（包括客户信息、保险计划、转账授权、被保险人健康告知事项等）无误，特别是被保险人健康告知事项，确认与投保时所陈述的内容一致”，认定投保人未如实告知。

投保人将自身健康状况如实告知保险人，保险人同意承保，向投保人发送保险合同、保险单等，投保人对保险利益产生了合理信赖。发生保险事故时，保险人应当按照保险合同约定向投保人承担保险责任。

编写人：重庆市第五中级人民法院　陈秀良　王慧杰

（三）人寿保险纠纷

48

人身保险合同复效中投保人如实告知义务的履行

——范某诉人寿公司人寿保险合同案

【案件基本信息】

1. 裁判书字号

北京市朝阳区人民法院（2019）京0105民初30946号民事判决书

2. 案由：人寿保险合同纠纷

3. 当事人

原告：范某

被告：人寿公司

【基本案情】

2011年5月31日，范某作为投保人、保险人、业务员签署了投保单，向人寿公司投保了福如东海A款终身寿险（分红型）、附加安康提前给付重大疾病保险。

2011年6月8日，人寿公司向范某签发保险单，载明：投保人、被保险人范某，合同成立日期2011年6月8日，生效日期2011年6月9日；险种包括福如东海A款终身寿险（分红型），基本保险金额10万元，保险费每年3500元；附加安康提前给付重大疾病保险，保险金额10万元，保险费每年1300元；交费期间均为20年。2011年至2014年，范某均交纳了保险费，但2015年和2016年均没有交纳保险费，保险合同效力中止；2017年6月22日，范某办理了保险合同复效；2017年6月28日，范某一次性交纳了3年的保险费。2018年6月，范某因患乳腺癌晚期到人寿公司提出理赔。人寿公司根据附加安康提前给付重大疾病保险条款：在本合同保险期间内，本公司承担下列保险责任，被保险人于本合同生效（或合同效力恢复）之日起一年内，由本公司认可医院的专科医生确诊初次发生本合同所指的重大疾病，本公司给付重大疾病保险金，其金额为本保险实际交纳的保险费的110%，范某于保险合同复效后一年内发生保险事故，人寿公司按照上述约定在2018年6月12日支付了10010元的保险金。范某认为在补交保险费时，并没有人告诉其存在一年的观察期，其亦不清楚合同效力恢复也适用该规定。故范某诉至法院，要求人寿公司赔偿保险金14万元。

【案件焦点】

1. 对附加安康提前给付重大疾病保险的理解是否存在歧义；2. 保险合同效力恢复之日起一年内发生保险事故的赔付方法对范某是否有约束力。

【法院裁判要旨】

北京市朝阳区人民法院经审理认为：关于争议焦点一，人寿公司向范某签发的保险单载明了福如东海A款终身寿险（分红型）、保险费每年3500元和附加安康提前给付重大疾病保险、保险费每年1300元的字样，从该内容能明确看出不同的险种交纳不同的保险费。对于附加安康提前给付重大疾病保险，保险条款对于该险种的保险责任进行了明确约定，且范某本人为投保当时的业务员，故其对该险种的保险责任应当是清楚明知的。

关于争议焦点二，保险合同成立后，投保人按照约定交付保险费，保险人按照约定的时间开始承担保险责任。因此，对于投保人来说，按时交纳保费，是要求保险人承担保险责任的前提条件。同时，合同约定分期支付保险费，投保人支付首期保险费后，除合同另有约定外，投保人自保险人催告之日起超过30日未支付当期保险费，或者超过约定的期限60日未支付当期保险费的，合同效力中止，或者由保险人按照合同约定的条件减少保险金额；被保险人在前款规定期限内发生保险事故的，保险人应当按照合同约定给付保险金，但可以扣减欠交的保险费。合同效力依据规定中止的，经保险人与投保人协商并达成协议，在投保人补交保险费后，合同效力恢复。范某在2015年、2016年连续两年未按期交纳保险费，根据保险条款约定，此时合同效力已经中止。2017年6月22日，范某补交保险费后，根据合同约定，合同效力恢复。但保险条款明确约定了合同生效或合同效力恢复之日起1年内发生保险事故的赔付办法。范某虽称其在申请保险合同复效之时人寿公司未告知该规定，但首先，范某本人即为保险经纪人，作为专业的保险经纪人，其在为自己投保该保险产品时，应当对保险条款的约定是明知的；其次，关于合同效力恢复后1年内发生保险事故的赔付办法与合同生效后1年内发生保险事故的赔付办法是在同一条规定中，甚至仅仅是在合同生效后以括号形式表示或合同效力恢复的字样，而范某对合同生效后的赔付办法是清楚明知的，因此其也应当对该条款是清楚明知的。综上，该条款约定对范某亦具有约束力。

北京市朝阳区人民法院依照《中华人民共和国保险法》第十四条、第三十七条之规定，判决如下：

驳回范某的全部诉讼请求。

【法官后语】

保险合同的复效，是指在保险合同效力中止时，在法定或约定的期间内满足各条件，该合同即行恢复效力。复效制度是保险法独有的一项重要制度，对于维持保险合同效力，保护投保人、被保险人、受益人权益具有重要意义。对于复效中投保人是否需要再次履行告知义务，目前实践中存在不同的观点。究其原因，实际上是因为对复效后的合同性质的认识不同导致对告知义务是否需要再次履行的认定不同。本案中，虽然范某表示是在复效期间发现了其身体健康状况恶化并因此申请理赔，并非在复效时没有履行告知义务，但我们也注意到，在实践中存在很多这样的案例。因此，本案引发了笔者对复效期间投保人如实告知义务的思考。

1. 保险合同复效后合同的性质

目前关于保险合同复效后的合同的性质存在三种观点。第一种是原合同说，该观点认为复效制度的立法目的是重新恢复原人身合同之法律效力，复效之后的合同和原有合同在具体内容、保险费率等多个方面都是比较相似的，甚至并没有任何的改变。基于此，复效后的保险合同对于原合同而言，是个效力中止后又恢复效力的合同。第二种观点则为新合同说。该观点认为，复效后的合同虽然与原合同相比在主体、内容上基本相同，但效力恢复需要经过投保人提出复效申请、保险人进行复效审核、重新签订协议等一系列的操作，实际上已经形成了新的合同。第三种观点则认为，复效后的保险合同融合了原保险合同及新合同的内容，应为特殊合同。

笔者以为，从保险合同复效的订立看，在原保险合同中止时合同效力恢复；而在效力恢复时，保险人需要对投保的流程、事实等内容进行一系列的审核，因此绝对地认为复效后的保险合同性质为原合同或者新合同都不妥，采用第三种观点更为合理。

2. 保险合同复效的如实告知义务

对投保人是否需要在复效时履行告知义务观点的不同主要源于对复效后保险合同性质认定的看法不同。持肯定说的学者对复效后的合同持新合同说，因而新合同的订立当然需要投保人履行告知义务。考虑到在保险合同中止后至合同复效期间，健康状况恶化或不良的人会更倾向于选择申请复效，而健康状况良好的人则更倾向于不申请复效或退保。为了避免投保人逆向选择的道德风险，保险人有必要在复效时重新要求投保人履行如实告知义务。对合同性质持原合同说的，则认为复效后的合同不需要再进行告知义务。该观点认为投保人在订立保险合同之时就已经履行过告知义务，如果中止期间投保人的健康状况发生变化导致复效之时被保险人的危险增加，也应属于事先应预计到的风险。假使保险合同从未发生中断的情况，被保险人的健康状况也会随时间而改变，也会导致保险事故发生或者保险风险增加，保险的复效与被保险人健康状态的恶化没有因果关系。

笔者以为，复效后的合同既有原合同的内容也有新增加的内容，对于投保人在复效中的告知义务就应当区分对待。对于在合同中止期间保险标的发生变化甚至可能影响保险人是否同意复效的情形，投保人应当如实履行告知义务。除此之外，投保人可沿用原告知内容。

3. 保险合同中止期间危险程度增加的认定

根据《最高人民法院关于适用〈中华人民共和国保险法〉若干问题的解释(三)》第八条规定，“危险程度在中止期间显著增加”的，保险人可以拒绝恢复效力。“危险程度在中止期间显著增加”如何认定，目前并没有明确规定。但参照法律规定，可以看出在合同效力中止期间被保险人的危险程度增加，达到“影响保险人决定是否同意承保”或者“提高保险费率”程度的，均应当认定为“危险程度在中止期间显著增加”，保险人有权拒绝复效。在实践中，对于人身保险合同中的“危险程度在中止期间显著增加”也不应当仅仅定性为投保人或者被保险人的健康状况恶化，应适当地作扩大解释，如投保人或被保险人的经济状况恶化等，以避免道德风险的出现。

编写人：北京市朝阳区人民法院　李方　吴桐

49

宣告死亡超过保险期等事实免责情形的认定

——陈某诉人寿保险公司、人寿保险广东公司人寿保险合同案

【案件基本信息】

1. 裁判书字号

广东省信宜市人民法院（2019）粤0983民初463号民事判决书

2. 案由：人寿保险合同纠纷

3. 当事人

原告：陈某

被告：人寿保险公司、人寿保险广东公司

第三人：李甲、李乙、李丙

【基本案情】

2012 年 5 月 26 日，李某向被告人寿保险公司投保了《人保寿险金鼎富贵两全保险（分红型）》，双方约定：保险费为 80000 元，保险期间为 5 年，保险金额为 85200 元。产品说明书中约定：“一般身故或全残保险金——被保险人身故或全残，被告无息返还其所交保险费，保险公司按基本保险金额给付一般身故或全残保险金；但若被保险人自本合同生效日起 1 年内因疾病身故或全残，保险公司按所交保险金（不计利息）给付一般身故或全残保险金，本合同终止。意外身故或全保险金——被保险人遭受意外伤害，并且自意外伤害发生之日起 180 日内因该意外伤害导致身故或全残，保险公司按基本保险金额的二倍给付意外身故或身残保险金，本合同终止。本合同所列各种保险金的给付累计以 1 种和 1 次为限。”保险条款约定：“在本合同有效期内，被保险人失踪且经人民法院宣告被保险人死亡后，保险公司依法院判决宣告死亡之日确定被保险人死亡日期，并根据造成失踪的原因按本合同约定的相应金额标准给付身故保险金。”该保险的保险单落款处加盖有“人寿保险公司保险合同专用章”。同日，李某按照上述保险合同约定向被告缴交了保险费 80000 元。

原告陈某是李某的妻子，第三人李甲、李乙、李丙是李某的子女，四人均是李某遗产的第一顺序法定继承人。2013 年 2 月 1 日，被保险人李某离家外出，至今下落不明。2017 年 6 月 16 日，原告及第三人向法院申请宣告李某死亡。法院于 2018 年 7 月 9 日判决宣告李某死亡。

2018 年 10 月 22 日，第三人李甲、李乙、李丙分别出具《放弃继承保险权益声明书》，均表示放弃继承本案的保险权益。原告陈某于 2019 年 2 月 18 日向法院提起诉讼，请求被告赔付保险金及支付保单分红。

【案件焦点】

被保险人李某被宣告死亡的时间已超过保险期间，被告是否承担保险赔偿责任。

【法院裁判要旨】

广东省信宜市人民法院经审理认为：本案的投保日期为 2012 年 5 月 26 日，保险期间为 5 年，而被保险人李某被法院宣告死亡的日期为 2018 年 7 月 9 日，该时间并不在 5 年的保险合同期间内。事实上，即使被保险人投保当日便下落不明，其利害关系人立即向法院申请宣告被保险人死亡，被保险人被宣告死亡的时间也已超过 5 年的保险期间。

本案保险条款约定，“在本合同有效期内，被保险人失踪且经人民法院宣告被保险人死亡后，保险公司依法院判决宣告死亡之日确定被保险人死亡日期，并根据造成失踪的原因按本合同约定的相应金额标准给付身故保险金”。被告人寿保险公司一方面在保险条款中表示对宣告死亡的情形承担保险责任，另一方面实际将被保险人因下落不明被宣告死亡的情形排除在外，使得其在事实上不可能赔付。基于此，被告人寿保险公司对本案所涉的不周延保险合同条款以及前述情形下的宣告死亡事实上不予赔付的后果应以善意、诚实、守信的态度履行说明义务，以便投保人、被保险人获得必要的信息，明确自己的权利和义务。但在订立保险合同时，被告人寿保险公司未以合理方式向投保人李某提示、说明，即对保险人的事实免责情形并未履行说明义务，依法不能免除被告人寿保险公司给付保险金的保险责任。因此，被保险人李某被宣告死亡的时间虽然已超过保险期间，但是被告人寿保险公司应当承担保险赔偿责任。

广东省信宜市人民法院依照《中华人民共和国合同法》第四十一条，《中华人民共和国保险法》第十条、第十三条、第十四条、第十七条、第三十条的规定，判决如下：

一、限被告人寿保险公司在本判决发生法律效力后十日内赔付保险金 170400 元给原告陈某；

二、限被告人寿保险公司在本判决发生法律效力后十日内支付“人保寿险金鼎富贵两全保险（分红型）”保单分红 7962.12 元给原告陈某；

三、驳回原告陈某的其他诉讼请求。

【法官后语】

尽管我国保险立法确立了保险人对保险条款的说明义务和对免除保险人责任条款的明确说明义务制度，但在司法实践中，尤其是保险人仍面临着许多问题亟待探讨。本案就是一起涉及保险人明确说明义务的案例，争议焦点在于被告是否因被保险人被宣告死亡的时间已超过保险期间而当然免责。

1. 宣告死亡属于不超过五年期的保险合同中保险人的事实免责情形

综合分析有关宣告死亡的法律规定后可以发现，自然人被宣告死亡必须经过的法定期间一般为五年（下落不明满四年，公告期间一年）。因此，即使被保险人在投保人投保当日便下落不明，其利害关系人经过法定程序向法院提出宣告死亡申请后，被保险人被依法宣告死亡的日期从投保人投保之日起算已必然超过五年。在投保人投保的以死亡给付保险金条件的寿险合同保险期间为五年以内（包括五年）的情形下，尽管保险合同没有相关明确的免责条款约定，但保险公司对于被保险人被宣告死亡的情形事实上不可能赔付。此时，被保险人被宣告死亡就成了不超过五年期寿险合同中保险人的事实免责情形。而“事实免责情形”实质上是保险人利用其拟定条款的专业和经验优势，将免除或限制己方责任的情形隐藏于保险合同中的一种更专业、更“高明”的方式，其相较免除保险人责任条款而言更不易被普通人察觉和理解，从而损害相对人的利益于无形。

2. 保险人应对事实免责情形履行明确说明义务

现代保险活动具有高度专业性、技术性和复杂性，且保险人在经济实力、信息占有和专业知识等方面具有绝对优势，而投保人作为普通民众专业知识有限，对保险条款的理解可能存在偏差。我国保险法明确规定了对于保险合同中免除保险人责任的条款，保险人需要以合理方式向投保人作明确说明；而对于那些并未在保险合同中明确约定免责，需通过综合分析法律规定和保险合同相关约定才能发现保险人已实际免责的事实免责情形，保险人更应以合理方式向投保人作明确说明，否则该事实免责情形不产生效力，保险人也不能因此免除其应承担的保险责任。从本案来看，在订立该类五年期寿险合同时，被告并未以书面或口头的合理方式向投保人说明自然人被宣告死亡的法定期间即使自投保之日起算也必然超过五年，致使投保人并不知道其可能发生的被宣告死亡的保险风险必然不属于该类五年期寿险合同的保险人承保范围，却期待得到保险保障。发生保险事故时，被告又以被保险人被宣告死亡日期不在保险合同有效期内为由拒赔，被告此举显然有失公允，故法院以被告未对本案事实免责情形履行明确说明义务、其不能免除保险责任为由判决被告向原告赔付保险金。

编写人：广东省信宜市人民法院　黄方强　任秋雯

三、代位求偿权纠纷

50

保险代位求偿权因源权利丧失而消灭

——财险厦门分公司诉王某保险人代位求偿权案

【案件基本信息】

1. 裁判书字号

福建省厦门市思明区人民法院（2019）闽0203民初23405号民事判决书

2. 案由：保险人代位求偿权纠纷

3. 当事人

原告：财险厦门分公司

被告：王某

【基本案情】

2018年1月25日，黄某向财险厦门分公司就车牌号为A的客车投保机动车损失保险、机动车第三者责任保险等。保险期间为2018年1月29日至2019年1月28日。2018年6月29日5时32分，王某驾驶车牌号为B号的大型汽车与案外人黄某驾驶的A号小型汽车发生碰撞，经厦门市公安局交通警察支队翔安大队出具的《道路交通事故认定书》认定：王某承担本次事故的全部责任，黄某不负责任。事故后，A号小型汽车经定损损失为107741.86元。王某于2018年7月16日与黄某签署《协议》，双方约定王某赔偿黄某35000元，双方对于此事不再相互追究。王某于2018年6月30日向黄某微信转账两笔10000元，2018年7月2日微信转账

8000 元、10000 元。之后，黄某基于本次事故向财险厦门分公司申请理赔，财险厦门分公司于 2018 年 10 月 18 日向黄某赔付了维修费共计 107741.86 元。财险厦门分公司赔付后，A 号车的车主黄某向财险厦门分公司出具《机动车辆保险权益转让书》，将向责任方追偿的 107741.86 元的赔偿款转让给财险厦门分公司。

庭审中，法院拨打案外人黄某电话，黄某确认已和王某私下对本次事故达成和解，并签订协议，约定王某赔偿黄某 35000 元，双方不再为本次事故追究对方责任。实际上王某共计赔偿黄某 38000 元。

【案件焦点】

保险代位求偿权是否因第三者支付全部赔偿款而消灭。

【法院裁判要旨】

福建省厦门市思明区人民法院经审理认为：当事人对自己提出的主张，有责任提供证据。财险厦门分公司提起本案诉讼主张的依据是其因保险赔付而在赔偿金额范围内获取的被保险人对第三者请求赔偿的代位权利。本案中，第三者王某与被保险人黄某在事故发生后自行协商并就本次事故处置达成协议，该协议系双方当事人的真实意思表示，不违反法律、法规的强制性规定，合法有效。王某按照协议支付了全部的赔偿款，黄某依约承诺不再追究，王某就本次事故已无赔偿责任。由于被代位人已经实现并放弃进一步追究的权利，财险厦门分公司也相应失去了代位的权利。财险厦门分公司基于黄某的理赔申请，向黄某支付了保险赔偿款 107741.86 元，系财险厦门分公司在理赔过程中未尽审慎审查义务或因黄某隐瞒已取得赔偿款的事宜导致，属于另外一个法律关系。财险厦门分公司应当先行承担其法律后果，并可另案向黄某追讨该理赔款。财险厦门分公司诉求王某向其支付代偿的理赔款于法无据，不予支持。

福建省厦门市思明区人民法院依据《中华人民共和国保险法》第六十条第一款、《中华人民共和国民事诉讼法》第六十四条第一款规定，判决如下：

驳回财险厦门分公司的全部诉讼请求。

【法官后语】

本案是一起保险代位求偿权纠纷案件。保险代位求偿权制度是财产保险法上一项重要制度，在各国保险法中均占有重要地位。所谓保险代位求偿权，是指保险人依法享有的、代位行使被保险人对造成保险标的损害负有赔偿责任的第三者的求偿权利。

保险人的代位求偿权系因法律特别规定而产生，当保险人作出保险理赔后，被保险人对第三者的权利即移转给了保险人。因为被保险人对第三者的赔偿请求权已经移转给了保险人，保险人本身已经成为损失赔偿请求权的权利人，所以应当以保险人自己的名义对第三者行使损害赔偿请求权。上述损害赔偿请求权之转移，属于法定、当然之移转，无需请求权的转移行为，也无需特别签署权利转让书，当事人有无移转的明确意思表示也在所不问。因此，在逻辑上也可称保险人代位权为“当然代位”。

在发生了因第三者对保险标的的损害而造成的保险事故以后，被保险人同时享有向保险人请求赔偿保险金的权利和向第三者请求赔偿的权利。如果被保险人先向第三者进行索赔，第三者承担了赔偿责任，支付了赔偿金，对于已获得赔偿的损失，被保险人不能再向保险人索赔。也就是说，第三者赔偿的金额如果等于或大于保险财产的实际价值，保险人就不再承担赔偿保险金的责任。发生保险事故后，如果被保险人先向保险人请求赔偿，保险人支付了保险赔偿金，则被保险人向第三者请求赔偿的权利依法应由保险人代位行使，被保险人只对未取得保险赔偿的部分享有向第三者请求赔偿的权利。法律赋予保险人代位求偿权，在于防止被保险人因保险事故获得额外利益，同时不能使有过错的第三者逃避损害赔偿责任，体现了财产损失补偿原则和社会公平原则。保险事故发生后，保险人未赔偿保险金之前，被保险人放弃对第三者请求赔偿的权利的，保险人就会失去代位求偿权，实际上使有过错的第三者免除了法定赔偿责任，损害了保险人的合法权益。为了制约被保险人放弃对第三者请求赔偿的权利的行为，法律明确规定了这种行为的法律后果，即被保险人将丧失从保险人处取得保险赔偿金的权利，其保险财产损失不能从保险人处得到赔偿。

被保险人对第三者和保险人可依据不同法律关系行使请求权，法律并未禁止被保险人在保险事故发生后，直接向第三者行使赔偿请求权，所以第三者对被保险人的清偿可以发生债务消灭的法律后果。保险人赔偿保险金之前，第三者向被保险人支付赔偿款，保险人如果不知道前述情况，仍向被保险人赔偿保险金，之后又向第三者主张保险代位求偿权的，因第三者的债务已因清偿而消灭，故其源头的权利自始不存在，法院依法应当驳回保险人的诉讼请求。

因此，保险机构应高度重视其在理赔过程中的审慎审查义务，多方核实被保险人获得理赔情况，最大限度地降低经营风险；同时被保险人也不得刻意隐瞒已取得赔偿款的事实，以免影响自身征信。

编写人：福建省厦门市思明区人民法院　林鸿

51

保险人能否行使代位求偿权要求造成保险标的损害的挂靠车辆实际经营人与被挂靠方承担连带责任

——华泰公司诉万通公司、张某保险人代位求偿权案

【案件基本信息】

1. 裁判书字号

北京市第一中级人民法院（2019）京01民终2459号民事判决书

2. 案由：保险人代位求偿权纠纷

3. 当事人

原告（上诉人）：华泰公司

被告（被上诉人）：万通公司、张某

【基本案情】

2017年12月5日，华泰公司向南京福佑在线电子商务有限公司（以下简称福佑公司）承保了《无车承运人责任保险》，保险期间自2017年11月24日0时起至2018年11月23日24时止。保单第四条约定："在保险期间内，因火灾造成货物损失，依照中华人民共和国法律应由被保险人承担的经济赔偿责任，保险人按照本保险合同约定负责赔偿。"

张某为福佑公司运营的福佑卡车平台的注册会员，在该平台以其购买的挂靠在万通公司名下的案涉车辆接单承运。2018年2月5日19时许，由张某驾驶的案涉车辆在承运福佑公司运输的京东商城的货物途中发生火灾。事故发生后，经评估认定事故保险责任成立，理算金额为271010.22元，公估费11000元。2018年4月13日，华泰公司向福佑公司赔付了271010.22元。

根据张某与福佑公司间订立的《福佑卡车司机服务协议》（以下简称服务协议）第5.10条约定：司机在运输过程中如发生火灾……无论在任何情况或原因（包括但不限于消防出具火灾原因系货物自然导致）导致火灾致使货物损失，司机均应按照货物实际损失价值予以赔偿以及承担其他的全部损失。另，张某驾驶的案涉车辆系由张某购买，但挂靠在万通公司名下，故华泰公司诉请张某、华泰公司连带赔偿财产损失271010.22元及利息、公估费11000元及利息、交通费1051.39元、住宿费549元。

【案件焦点】

1. 华泰公司行使代位追偿权请求赔偿的范围；2. 万通公司是否应与张某就赔偿数额承担连带责任。

【法院裁判要旨】

北京市海淀区人民法院经审理认为：根据服务协议，张某作为承运司机应当对货物损失承担赔偿责任，华泰公司作为保险人在对被保险人福佑公司进行赔付后，有权向张某行使代位求偿权。张某应当赔偿华泰公司经济损失271010.22元。华泰公司要求万通公司承担连带责任的诉讼请求缺乏法律与事实依据，不予支持。华泰公司主张的利息、公估费及利息、交通费、住宿费等不予支持。

北京市海淀区人民法院依据《中华人民共和国合同法》第六十条、第一百零七条，《中华人民共和国保险法》第六十条，《最高人民法院关于适用〈中华人民共和国保险法〉若干问题的解释（二）》第十六条之规定，判决如下：

一、张某于判决生效后7日内向华泰公司赔偿经济损失271010.22元；

二、驳回华泰公司的其他诉讼请求。

华泰公司不服一审判决，提起上诉。北京市第一中级人民法院经审理认为：一审法院对于华泰公司依据保险法的相关规定，其已就涉案事故的货物损失进行赔付，取得了向第三者追偿的权利的认定正确，予以确认。

关于华泰公司行使代位追偿权请求赔偿的范围问题，根据保险法第六十条、第六十四条规定，保险人行使代位求偿权的范围不得超过其实际赔偿金额的范围。华泰公司主张的交通费、住宿费、利息等费用不属于其支付的赔偿金范围，应自行承担，故华泰公司该主张缺乏法律依据，不予支持。

关于万通公司是否应承担连带责任问题，万通公司应当承担连带责任，理由如下：首先，依据《中华人民共和国道路运输条例》第二十二条、第二十五条和第三十四条规定可知，从事道路运输经营必须具备一定的条件，经行政许可才可进行，且禁止道路运输经许可证的租借行为。本案中，万通公司作为从事运输经营的公司，其应当知道上述禁止性规定，但其却允许张某将机动车挂靠在其公司名下投入运营，其行为存有明显过错，同时，万通公司允许张某的挂靠行为，促成了不具有经营资格的挂靠人进行运输经营，其行为在客观上提高了挂靠车辆发生事故的可能性和危害性，这种允许行为亦需要承担相应的法律后果；其次，机动车运输是高度危险作业，涉案车辆行驶证上记载的车辆所有权人为万通公司，道路运输证上记载的业户名亦是万通公司，从外观上看万通公司是道路运输经营许可证的主体，其应对涉案车辆的道路运输安全管理尽到高度注意义务，可通过对挂靠车辆的技术维护、检查来减少和防止事故的发生，本案中，涉案火灾事故的发生正是因车辆电器线路故障而引发的，且万通公司亦称未过问过涉案车辆和张某的经营，故可以认定万通公司对涉案车辆的安全疏于管理，对于火灾的发生具有过错。因张某与万通公司的过错相结合导致了涉案火灾事故的发生，应由万通公司与张某承担连带责任。且由万通公司与张某承担连带责任亦有利于维护正常的运输经营秩序，保障运营安全。

北京市第一中级人民法院依照《最高人民法院关于适用〈中华人民共和国保险法〉若干问题的解释（四）》第七条、《中华人民共和国民事诉讼法》第一百七十条第一款第二项之规定，判决如下：

一、维持北京市海淀区人民法院（2018）京 7101 民初 1838 号民事判决第一项；

二、撤销北京市海淀区人民法院（2018）京 7101 民初 1838 号民事判决第二项；

三、万通公司对于本判决第一项所确定的赔偿金额承担连带责任；

四、驳回华泰公司其他诉讼请求。

【法官后语】

当下，由于“互联网+”等经济业态的发展，没有相应资质的车辆运营人通过挂靠形式从事道路运输经营的现象开始大量出现。挂靠车辆从事道路运输经营活动造成损害时，车辆实际运营人与被挂靠人如何承担责任成为亟须研究的问题。挂靠车辆从事运输经营活动造成被保险人的财产损失，保险人履行相应赔付责任后，是否有权行使代位求偿权要求造成保险标的损害的挂靠车辆的实际经营人与被挂靠方承担连带责任，即本案例讨论的重点。

保险代位求偿权是在财产合同中，保险人赔偿被保险人损失后，代位被保险人依法向造成保险标的损害第三方请求赔偿的权利。保险代位求偿权的成立要具备以下要件：(1) 第三者对保险标的的损害而造成保险事故；(2) 保险人对被保险人已进行赔付。第三者对保险标的的损害不仅指侵权意义上的损害还包括违约造成的损害。本案中，张某与福佑公司之间达成服务协议，张某负有保证运输货物安全的义务，因违约造成货物损失应承担赔偿责任，在保险人华泰公司向被保险人福佑公司赔付后，有权向张某行使代位求偿权。因张某不具备道路运输资格，挂靠在万通公司名下，探求万通公司承担何种责任是本案重点。

保险人行使的代位求偿权并非保险人对第三方的直接债权，而是被保险人对第三方的赔偿请求权。故，探讨保险人是否对被挂靠方有代位求偿权，要回到被保险人对被挂靠方是否有损害赔偿请求权上。《中华人民共和国民法典》第一千二百一十一条明确了交通事故场域下挂靠人和被挂靠人的连带责任，但在像本案的火灾等其他损害责任事故中能否推定适用该规定并不明确。

法律可以具有相对滞后性，但法院不可以拒绝裁判，这就要求裁判者探寻相似情形背后的法价值，推导出最利于社会公平的裁判路径。首先，《中华人民共和国道路运输条例》第二十二条、第二十五条和第三十四条规定，从事道路运输经营必须具备一定的条件，经行政许可才可进行，且禁止道路运输经许可证的租借行为。历年来，道路运输部开展了多次取缔、清理挂靠运输的专项行动，挂靠经营规避了国家运输行业准入规定，在管理层面具有不法性。其次，道路运输行业作为高风险行业，挂靠经营开启了风险源头，被挂靠人应对涉案车辆的道路运输安全管理尽到高度注意义务，对挂靠车辆的技术维护、检查来减少和防止事故的发生，若由于疏于管理，造成损害事故，由被挂靠人承担连带责任符合共同侵权的一般法理。最后，从公共运输秩序的维护和社会公平的分担角度来看，由被挂靠方承担连带责任具有价值引导性。综上，从法价值层面，我们认为即使在非交通事故领域，受害人仍有权要求挂靠车辆实际经营人和被挂靠方承担损害赔偿的连带责任。同样，基于被保险人损害赔偿权，行使代位求偿权的保险人也有权要求挂靠车辆实际经营人和被挂靠方承担连带赔偿责任。

编写人：北京市第一中级人民法院　常洁　窦磊

52

保险人追偿权和代位求偿权的区分

——财险北分公司诉郑某追偿权案

【案件基本信息】

1. 裁判书字号

北京市朝阳区人民法院（2019）京0105民初24782号民事判决书

2. 案由：追偿权纠纷

3. 当事人

原告：财险北分公司

被告：郑某

【基本案情】

2016年8月6日1时40分，郑某无证饮酒后驾驶A号普通二轮摩托车在北京市朝阳区某公交车站牌处，与案外人陈某发生交通事故，造成陈某受伤。陈某向北京市朝阳区人民法院提起民事诉讼，因财险北分公司是A号摩托车的交强险承保人，法院判决财险北分公司在交强险限额内赔偿陈某各项损失共计12万元。财险北分公司于2018年1月25日付款完毕。依据《最高人民法院关于审理道路交通事故损害赔偿案件适用法律若干问题的解释》第十八条的规定，保险公司有权在赔偿范围内向侵权人主张追偿权。因郑某是交通事故的直接侵权人，应当承担赔偿责任，故财险北分公司诉至法院，请求判令郑某赔偿财险北分公司12万元。

【案件焦点】

1. 保险事故发生时驾驶人未取得机动车驾驶证，保险人是否应予理赔；2. 保险人理赔后享有代位求偿权还是追偿权。

【法院裁判要旨】

北京市朝阳区人民法院经审理认为：《机动车交通事故责任强制保险条例》第二十二条规定，有下列情形之一的，保险公司在机动车交通事故责任强制保险责任限额范围内垫付抢救费用，并有权向致害人追偿：（1）驾驶人未取得驾驶资格或者醉酒的；（2）被保险机动车被盗抢期间肇事的；（3）被保险人故意制造道路交通事故的。《最高人民法院关于审理道路交通事故损害赔偿案件适用法律若干问题的解释》第十八条规定，有下列情形之一导致第三人人身损害，当事人请求保险公司在交强险责任限额范围内予以赔偿，人民法院应予支持：（1）驾驶人未取得驾驶资格或者未取得相应驾驶资格的；（2）醉酒、服用国家管制的精神药品或者麻醉药品后驾驶机动车发生交通事故的；（3）驾驶人故意制造交通事故的。保险公司在赔偿范围内向侵权人主张追偿权的，人民法院应予支持。根据本案查明的事实，郑某驾驶A号摩托车与案外人陈某发生交通事故，A号摩托车在财险北分公司投保了机动车交通事故责任强制保险，事故发生在保险期限内，法院已经判决财险北分公司在机动车交通事故责任强制保险范围内赔偿陈某损失12万元，财险北分公司已经向陈某履行了赔偿责任。由于郑某在事故发生时未取得机动车驾驶证，因此财险北分公司在向陈某赔偿后，有权依照前述法规和司法解释的规定向郑某追偿。财险北分公司起诉要求郑某赔偿财险北分公司12万元，有法律依据，法院予以支持。对于郑某的抗辩意见，法院不予采纳。

北京市朝阳区人民法院依照《机动车交通事故责任强制保险条例》第二十二条，《最高人民法院关于审理道路交通事故损害赔偿案件适用法律若干问题的解释》第十八条之规定，判决如下：

郑某于本判决生效之日起七日内赔偿财险北分公司财产损失12万元。

【法官后语】

1. 保险事故发生时驾驶人未取得机动车驾驶证，保险人是否应予理赔

《机动车交通事故责任强制保险条例》第二十二条规定，驾驶人未取得驾驶资格或者醉酒的，保险公司在机动车交通事故责任强制保险责任限额范围内垫付抢救费用；《最高人民法院关于审理道路交通事故损害赔偿案件适用法律若干问题的解释》第十五条第一款第一项规定，驾驶人未取得驾驶资格或者未取得相应驾驶资格的，导致第三人人身损害，当事人请求保险公司在交强险责任限额范围内予以赔偿，人民法院应予支持。综上，对发生保险事故造成第三人人身损害，即便驾驶人存在未取得驾驶证、醉酒或者故意制造交通事故等情形，保险公司也应在交强险责任限额范围内予以赔偿。

2. 关于保险人理赔后享有代位求偿权还是追偿权

根据本案查明的事实，郑某认可事故发生时未取得机动车驾驶证，故《机动车交通事故责任强制保险条例》及《最高人民法院关于审理道路交通事故损害赔偿案件适用法律若干问题的解释》第十五条第二款规定，保险人向第三人赔偿后取得追偿权，系法律明文规定的追偿权。

3. 保险人追偿权与代位求偿权的区别

本案立案案由为保险人代位求偿权诉讼，经过审理和释明，当事人变案由为追偿权纠纷。关于保险人追偿权和代位求偿权，存在哪些不同，以下从三个方面作论述。

（1）在法律性质上，代位求偿权是保险人在履行保险责任之后，取代被保险人的地位向肇事方行使索赔的权利，实质上是被保险人索赔权利法定转移。保险追偿权是保险人承担保险责任后挽回代偿损失，适用于交强险中。

（2）在适用对象上，保险人追偿权的对象为交强险中的无证驾驶人、无相应驾驶资格驾驶人、醉酒驾驶人、服用国家管制的精神药品或者麻醉药品后的驾驶人，故意制造交通事故的驾驶人，包括投保人，只适用于交通事故中。保险人代位求偿权的对象只能是对保险事故负有法律责任的第三方，《最高人民法院关于适用〈中华人民共和国保险法〉若干问题的解释（四）》也明确了当投保人与被保险人为不

同主体，保险人可以向投保人主张代位求偿。

（3）在权利行使程序上，保险人取得代位求偿权的前提是给付保险金履行保险责任，是法定的权利转移，转移方式是被保险人出具权益转让书，把索赔的权利转让给保险公司，由保险公司向第三人索赔。保险人行使追偿权是保险事故发生及保险人履行赔付责任，不需要经过权利转让程序。

交强险的目的是化解社会公众遭受交通事故后无法获得充分经济补偿的风险，具有一定的社会公益属性。所以，在上述法定情形下，即便驾驶人存在一定过错，保险人在保险事故发生时也应予理赔。但是，因为驾驶人存在过错，法律也规定了保险人在赔偿范围内有权向侵权人主张追偿权。

编写人：北京市朝阳区人民法院　马娇　杨帆

53

被保险人放弃索赔的认定

——太平洋北分公司诉刘某保险人代位求偿权案

【案件基本信息】

1. 裁判书字号

北京市石景山区人民法院（2019）京0107民初18460号民事判决书

2. 案由：保险人代位求偿权纠纷

3. 当事人

原告：太平洋北分公司

被告：刘某

【基本案情】

被保险人蔡某为车牌号A的客车在太平洋北分公司处投保了机动车辆损失险，保险期限为2016年1月22日至2017年1月22日。2016年12月15日，蔡某驾驶涉案车辆在石景山区与刘某驾驶的电动三轮车发生碰撞，经北京市公安局交通管理局认定，刘某负全责，蔡某无责。A 号客车在北京百得利之星汽车销售有限公司维修，维修费用 9864 元。

事故发生后，蔡某于 2016 年 12 月 26 日申请赔偿，并书写《情况说明》："因刘某刚来北京没有赔付能力，本人未从全责方获得任何赔偿，现本人申请在贵公司走代位求偿，由贵公司将修车费用 9864 元明确代位求偿有可能影响来年保费的费率浮动……"太平洋北分公司于 2016 年 12 月 27 日支付保险金 9864 元。蔡某向太平洋北分公司出具了《机动车辆保险权益转让书》，将其对刘某的赔偿请求权转让给太平洋北分公司。

经询问，刘某称蔡某委托家属处理事故理赔事宜，并支付家属五千元，后家属将五千元退回刘某，称刘某经济困难，不再向刘某主张索赔。经法院电话联系蔡某及其家属，二人称未向刘某表示放弃索赔，仅称因工作、身体原因，不再直接向刘某索赔，而由太平洋北分公司向刘某代位求偿。

【案件焦点】

被保险人放弃索赔如何认定。

【法院裁判要旨】

北京市石景山区人民法院经审理认为：刘某在驾驶车辆过程中，违反交通法规，造成他人车辆受损，且承担事故全部责任，依法应对他人的损失承担赔偿责任；因刘某未履行赔偿义务，太平洋北分公司根据约定对受损车辆先行予以赔付，因而取得了对刘某的代位求偿权，故太平洋北分公司要求刘某立即支付赔偿款的诉讼请求，法院予以支持。刘某主张被保险人已经放弃索赔，但未提交相应的证据予以佐证，被保险人亦予以否认，且保险人赔偿保险金后，保险代位求偿权成立，被保险人的处分不影响保险代位求偿权的行使，故法院对刘某的抗辩意见不予采信。

北京市石景山区人民法院依照《中华人民共和国道路交通安全法》第七十六条、《中华人民共和国保险法》第六十条、《最高人民法院关于审理道路交通事故损害赔偿案件适用法律若干问题的解释》第十五条之规定，判决如下：

刘某于本判决生效之日起七日内支付太平洋北分公司赔偿款 9864 元。

【法官后语】

该案例涉及保险人代位求偿权纠纷中第三者抗辩被保险人已放弃对其请求赔偿的权利时如何审查裁判的问题。

首先，在保险人代位求偿权纠纷中，一般涉及的当事人为保险人、第三者，若第三者抗辩被保险人放弃索赔，则就是否作出过放弃行为，作为非诉讼当事人的被保险人如何审查呢？笔者认为，应通过与第三者、被保险人谈话初步审查放弃事实是否存在，确有必要的，追加为第三人查明事实。根据《中华人民共和国保险法》第六十一条的规定，保险事故发生后，保险人未赔偿保险金之前，被保险人放弃对第三者请求赔偿的权利的，保险人不承担赔偿保险金的责任。保险人向被保险人赔偿保险金后，被保险人未经保险人同意放弃对第三者请求赔偿的权利的，该行为无效。本案中，第三者抗辩被保险人放弃索赔，仅进行口头陈述，称第三者驾驶的快递车辆已投保财产保险，可以通过快递公司的保险进行理赔，但被保险人及其家属同情第三者，认为被保险人投保的车辆损失险能够弥补其损失，故将第三者之前给付的5000元赔偿金予以退回，称不再向第三者索赔。而保险人提交的证据中包括被保险人书写的情况说明、亲笔签字的机动车辆保险权益转让书，其中写明“因刘某刚来北京没有赔付能力，本人未从全责方获得任何赔偿，现本人申请在贵公司走代位求偿”。虽然两相比较，书面证据的证明力大于口头陈述的证明力，但对于是否存在被保险人因对保险术语的理解不充分，先承诺放弃，后签订权益转让书的情况，法院仍应通过对被保险人进行谈话予以明确。应当注意的是，鉴于被保险人非案件当事人，该审查应为适当审查、辅助审查，尽量还原案件事实。此类案件一般据事故发生时间久远，若被保险人难以确定放弃索赔的事实，仍应依据证据规则予以法律判断，而不能一律因第三者的口头抗辩，直接追加被保险人为第三人。

其次，就放弃行为的时间审查问题。《最高人民法院关于适用〈中华人民共和国保险法〉若干问题的解释（四）》第九条规定，在保险人以第三者为被告提起的代位求偿权之诉中，第三者以被保险人在保险合同订立前已放弃对其请求赔偿的权利为由进行抗辩，人民法院认定上述放弃行为合法有效，保险人就相应部分主张行使代位求偿权的，人民法院不予支持。保险合同订立时，保险人就是否存在上述放弃情形提出询问，投保人未如实告知，导致保险人不能代位行使请求赔偿的权利，保险人请求返还相应保险金的，人民法院应予支持，但保险人知道或者应当知道上述情形仍同意承保的除外。该司法解释中涉及的时间点“保险合同订立前”与《中华人民共和国保险法》第六十一条涉及的“赔偿保险金之前”时间节点有所不同。笔者认为，应当以保险合同订立时为节点，保险人在此时询问是否存在放弃情形，若投保人如实告知不存在放弃情形，则订立合同后，保险人的代位求偿权即为法定，即代位求偿权来源于法律的直接规定，订立合同后被保险人不得通过约定而改变，无需再考查约定放弃是否在赔偿保险金之前，赔偿保险金的时间仅系保险人代替被保险人行使债权的请求权的时间，而非决定保险人是否因被保险人放弃索赔而享有请求权的时间。

编写人：北京市石景山区人民法院　杨小花

54

代驾司机及代驾信息服务平台是否属于《中华人民共和国保险法》第六十条规定的第三者

——人保揭阳公司诉宜行公司、王某保险人代位求偿权案

【案件基本信息】

1. 裁判书字号

江苏省南通市中级人民法院（2019）苏06民终3952号民事判决书

2. 案由：保险人代位求偿权纠纷

3. 当事人

原告（上诉人）：人保揭阳公司

被告（被上诉人）：宜行公司、王某

【基本案情】

2015年12月14日，案外人庄某1为其所有的粤V×号小型普通客车在原告人保揭阳公司投保机动车交通事故责任强制保险、机动车损失保险（保险金额为

567000元)、第三者责任险（保险金额为1000000元）等，保险期间自2015年12月19日0时起至2016年12月18日24时止。

人保公司机动车综合商业保险条款其中车损险条款第六条约定，保险期间内，被保险人或其允许的驾驶人在使用被保险机动车过程中，因……造成被保险机动车的直接损失，且不属于免除保险人责任的范围，保险人依照本保险合同的约定负责赔偿。三责险条款第二十二条、第二十三条约定，保险期间内，被保险人或其允许的驾驶人在使用被保险机动车过程中发生意外事故，致使第三人遭受人身伤亡或财产直接损毁，依法应当对第三者承担的赔偿责任，且不属于免除保险人责任范围，保险人依照本保险合同的约定，对于超过机动车交通事故责任强制保险各分项赔偿限额的部分负责赔偿。

2016年8月9日21时48分，案外人庄某1向被告宜行公司经营的e代驾平台发送代驾服务邀请，被告王某作为e代驾的注册司机在该平台上接收该订单。被告王某遂驾驶案外人庄某1的上述被保险车辆（载庄某1、黄某、庄某2、程某、陈某）于当天22时11分，沿如皋市Z01县道由北向南行至下原镇惠民东路路口，左转弯时，小型普通客车前右部与对向由张某1驾驶的苏B×号小型轿（载费某、刘某、王某、苏某、张某2）前部碰撞，致张某1、庄某1、黄某、庄某2、张某2等人受伤，车辆出现不同程度损坏。张某1经抢救无效于2016年8月13日死亡。该事故经交警部门认定，王某负本起事故的主要责任，张某1负本起事故的次要责任，庄某1等人无事故责任。

2017年2月15日，张某1第一顺序继承人与原告人保揭阳公司、被告王某就张某1人身损害赔偿事宜达成（2016）苏0682民初11398号民事调解协议，由原告人保揭阳公司在交强险和商业三责险范围内赔偿805447.55元，由被告王某赔偿94000元。原告人保揭阳公司依约履行了调解协议。事故发生后，案外人庄某1就本起事故造成被保险车辆损失向法院提起诉讼，要求原告人保揭阳公司赔偿车辆损失27万元、车辆评估费16000元、施救费400元。该案经一审、二审，由南通市中级人民法院作出（2017）苏06民终3364号民事判决，判决原告人保揭阳公司在车损险责任范围内支付庄某1赔偿金274400元。2017年11月23日，原告人保揭阳公司向庄某1支付了前述赔偿款。

【案件焦点】

宜行公司及王某是否系《中华人民共和国保险法》第六十条规定的第三者。

【法院裁判要旨】

江苏省如皋市人民法院经审理认为：依据《中华人民共和国保险法》第六十条的规定，第三者应是被保险人以外的民事主体。案涉车损险、三者险保险条款均约定，在“被保险人或其允许的驾驶人在使用被保险机动车过程中”发生损失并不存在免责情形的情况下，保险人应当承担保险责任。再参照《机动车交通事故责任强制保险条例》第四十二条规定，被保险人，是指投保人及其允许的合法驾驶人，可以看出案涉保险合同的被保险人应当为投保人及其允许的合法驾驶人。本案中，被告王某系投保人庄某1通过e代驾平台找的代驾人，被告王某具有合法驾驶资格，不存在任何禁驾情形，系发生事故时投保人允许的合法驾驶人，应认定为案涉交强险、三者险及车损险的被保险人，不属于被保险人以外的第三者，原告人保揭阳公司依据保险合同承担赔偿责任后，依法不享有再向案涉保险合同被保险人王某追偿的权利。

江苏省如皋市人民法院依据《中华人民共和国保险法》第六十条、参照《机动车交通事故责任强制保险条例》第四十二条之规定，判决如下：

驳回人保揭阳公司的诉讼请求。

二审法院同意一审法院裁判意见。

【法官后语】

本案主要涉及的问题是代驾司机及代驾信息发布平台是否属于《中华人民共和国保险法》第六十条规定的第三者。

依据《中华人民共和国保险法》第六十条规定，因第三者对保险标的的损害而造成保险事故的，保险人自向被保险人赔偿保险金之日起，在赔偿金额范围内代位行使被保险人对第三者请求赔偿的权利。《最高人民法院关于适用〈中华人民共和国保险法〉若干问题的解释（四）》第七条规定，保险人依照保险法第六十条的规定，主张代位行使被保险人因第三者侵权或者违约等享有的请求赔偿的权利的，人民法院应予支持。依据上述规定，保险人向被保险人赔偿保险标的损失后可以依据侵权或者违约向有责任的第三人追偿。

首先，代驾司机不应被认定为保险法第六十条规定的第三者。理由如下：第一，代驾司机被认定为案涉机动车保险的被保险人符合保险合同约定。案涉保险条款约定被保险人或其允许的驾驶人均为受案涉保险保障的被保险人范围。该条款约定并未排除适用被保险人有偿允许的驾驶人，显然代驾司机属于被保险人允许的驾驶人，而不应区分有偿还是无偿。第二，代驾司机驾驶车辆并未显著增加保险标的的风险。代驾司机均是在被保险人或者其允许的使用人在场的情况下驾驶被保险人车辆，短暂的驾驶行为并不构成保险标的的管理人发生变化。此外，代驾司机在绝大多数情况下均具有合法驾驶资格，都是在熟悉车辆性能的管理人监督下驾驶车辆，代驾被保险人车辆的风险并不会显著高于被保险人或者其允许的无偿使用人的驾驶风险。第三，如果认定代驾司机对保险标的损害承担责任（排除故意损害的情况），会造成代驾司机权利义务失衡。代驾司机行业的从业人员大多数为社会低收入人群，一次代驾的收入也相对微薄，而所代驾的车辆价值却很高，如果让代驾人员承担车辆损失将给代驾行业带来重大冲击。

其次，代驾信息发布平台不应被认定为保险法第六十条规定的第三者。要求代驾信息发布平台对保险标的损害承担责任的法律基础是认为被保险人与代驾信息发布平台之间存在有偿的委托合同关系。事实上，代驾信息的发布者即车辆管理者及代驾信息的接受者即代驾司机均为代驾信息发布平台的客户，一般的收费方式是代驾委托人直接向代驾司机支付代驾服务费，代驾信息发布平台向代驾司机收取信息服务费，代驾信息发布平台实际是代驾委托人与代驾司机的居间人，根据收费的实际情况，代驾委托人与代驾信息发布平台之间并不直接发生有偿代驾服务合同关系。故，代驾信息平台对代驾的车辆并不负有任何管理责任，对代驾车辆的损害不承担任何合同责任。

综上，将代驾司机纳入车险保障范围，其保险标的危险程度并未超过保险人订立合同时预估的范围，保险人不向代驾司机追偿并不影响保险行业生态健康发展，且有利于代驾行业的健康发展。

编写人：江苏省如皋市人民法院　崔小兰　王智勇

55

贷款保证保险代位求偿权案件的管辖权认定

——财险公司诉许某保险人代位求偿权案

【案件基本信息】

1. 裁判书字号

云南省昆明市中级人民法院（2019）云01民终5429号民事裁定书

2. 案由：保险人代位求偿权纠纷

3. 当事人

原告（上诉人）：财险公司

被告（被上诉人）：许某

【基本案情】

2014年8月5日，许某从××银行借款，借款本金为80000元，借款用于房屋装修，借款利率为年利率6.65%，借款期限为36个月，每月还款日为5日，还款方式为按月等额本息。《借款合同》签订后，光大银行于2014年8月5日按照约定向许某发放贷款80000元。同时，贷款发放日许某（投保人）就该笔借款向财险公司投保平安个人贷款保证保险，以××银行为被保险人，双方于保单落款日期签订了《个人贷款保证保险保险单》（以下简称《保险单》）。在《保险单》的保险费支付条款中约定：月保费率为1.9%，如投保人出现还款逾期或提前还款的，保险人有权要求投保人支付未付保费；在保险理赔条款中约定：如投保人拖欠任何一期借款达到80天（不含）以上，保险人根据保险合同约定向被保险人进行理赔，保险人理赔后，投保人需向保险人归还全部理赔款项及未付保费，从保险人理赔当日开始超过30天，如投保人仍未向保险人归还上述款项的，则视为投保人违约，投保人需以尚欠全部款项为基数，从保险人理赔当日开始计算，按每日千分之一向保险人支付违约金。但许某于2016年12月5日起未履行还款义务，保险人根据《保险单》约定于2017年2月23日向被保险人××银行理赔，理赔金额共计22220.49元，××银行向财险公司出具了《保险理赔确认书》，财险公司理赔后，多次向许某催收，但许某始终未全部偿还理赔款项。本案系财险公司主张其向被保险人××银行赔偿保险金后，代位行使被保险人对许某赔偿请求权而提起的诉讼。许某与××银行签订的《个人贷款合同》约定："协商或调解不成的，应在贷款人所在地法院以诉讼方式解决。"该约定意思表示明确有效。

【案件焦点】

贷款保证保险代位求偿权案件的管辖权如何认定。

【法院裁判要旨】

云南省昆明市五华区人民法院经审理认为：根据《中华人民共和国民事诉讼法》第二十一条第一款规定，对公民提起的民事诉讼，由被告住所地人民法院管辖；被告住所地与经常居住地不一致的，由经常居住地人民法院管辖。本案中，许某住所地位于云南省安宁市连然镇，不在五华区辖区范围内。财险公司也未提交许某经常居住地在昆明市五华区人民法院辖区的证据，故云南省昆明市五华区人民法院对该案无管辖权。

云南省昆明市五华区人民法院依照《中华人民共和国民事诉讼法》第二十一条、第一百五十四条的规定，裁定如下：

对财险公司的起诉，昆明市五华区人民法院不予受理。

财险公司不服一审裁定，提起上诉。云南省昆明市中级人民法院经审理认为：根据财险公司起诉的诉讼请求、所述事实理由及提交的证据材料，其系向被保险人××银行赔偿保险金后，代位行使被保险人对许某赔偿请求权而提起诉讼，因行使的是原属于被保险人的赔偿请求权，故本案的管辖应当根据代位行使的赔偿请求权所依据的法律关系确定，即本案应依据××银行与许某之间金融借款合同纠纷的法律关系确定管辖。许某与××银行签订的《个人贷款合同》约定："协商或调解不成的，应在贷款人所在地法院以诉讼方式解决。"该约定意思表示明确，符合《中华人民共和国民事诉讼法》第三十四条的规定，应为有效，应当据此确定管辖法院。因贷款人××银行住所地位于昆明市五华区，故云南省昆明市五华区人民法院对本案享有管辖权。

云南省昆明市中级人民法院依据《中华人民共和国民事诉讼法》第一百一十九条、第一百七十条第一款第二项、第一百七十一条、第一百七十五条及《最高人民法院关于适用〈中华人民共和国民事诉讼法〉的解释》第三百三十二条的规定，裁定如下：

一、撤销云南省昆明市五华区人民法院（2019）云0102民初9680号民事裁定；

二、本案指令云南省昆明市五华区人民法院立案受理。

【法官后语】

在贷款保证保险关系中，保证保险的性质是保险还是担保、保险人能否向投保人行使保险代位求偿权，实践中有一定争议，也关系到对案件管辖法院的认定。由于认识不一致，部分法院以自己无管辖权互相推诿，不予受理案件。

在贷款保证保险关系中，被保险人通常为银行，债务人通常为投保人。当投保人和被保险人为同一人时，无代位求偿权自不待言；但如投保人与被保险人不是同一人时，保险人可否向投保人行使保险代位求偿权？实务中有一种观点认为，投保人是保险合同的签订者，而不是保险合同外的第三者，故保险人不能对投保人行使保险代位求偿权。但保险理论认为，保险代位求偿权的对象原则上可以是被保险人以外的任意自然人或法人，但被保险人的家庭成员或者其组成人员除外。关于保证保险的性质是保险还是担保，国外保险界和司法界的学者观点也各不相同，保险界的学者多主张保证保险是一种保险，而司法界则认为保证保险是担保之一种。我国保险界和司法界则采取折中的办法，中国保监会认为，保证保险是财产保险的一种，是保险人提供担保的一种形式；“要保人（即投保人）虽为保险契约的当事人，但并非保险契约的保障之对象，若因保险事故之发生而对被保险人负损害赔偿责任，自无因保险契约之订立而免除其对被保险人所负赔偿责任之理”。故保险人对投保人有代位求偿权的观点并不违反保险法的相关规定，投保人也可以成为保险代位的第三者。

《最高人民法院关于适用〈中华人民共和国保险法〉若干问题的解释（四）》第十二条规定，保险人以造成保险事故的第三者为被告提起代位求偿权之诉的，以被保险人与第三者之间的法律关系确定管辖法院。故本案中，应依据当事人之间的金融借款合同纠纷的法律关系确定管辖。当事人双方签订的《个人贷款合同》中的管辖协议合法有效，按照其约定由贷款人所在地法院管辖，一审法院具有管辖权，应当受理本案。

编写人：云南省昆明市中级人民法院　潘玲

56

互联网助贷保险合同的效力分析及证据认定规则

——财险宁波分公司诉林某保险人代位求偿权案

【案件基本信息】

1. 裁判书字号

福建省厦门市思明区人民法院（2019）闽0203民初19730号民事判决书

2. 案由：保险人代位求偿权纠纷

3. 当事人

原告：财险宁波分公司

被告：林某

【基本案情】

2017年5月10日，林某通过宁波银行推出的广东网金控股运营融资平台发布融资300000元的项目。2017年5月11日，投资人严某等人通过该投融资平台与林某达成借款协议，并通过平台电子账户支付300000元融资至林某账户中，借款期限为2017年5月11日至2018年5月9日，预期投资收益率6%，还款方式为到期一次性平台后端还款付息。为此，林某向财险宁波分公司投保“借款合同履约保证保险（白领融）”，约定被保险人为平台投资人严某等；保险期间12个月，即2017年5月11日0时至2018年5月9日24时；保险费965.2元。其中特别约定全体被保险人无条件、不可撤销及变更地授权广东网金控股股份有限公司代为履行被保险人的相关权利义务；约定投保人、被保险人及其代理人一致同意：在发生保险事故的情况下，保险公司将保险赔款支付至某银行账户，即视为保险公司已经向被保险人支付了保险赔款。

融资到期后，林某未依约支付本金和利息。2018 年 5 月 10 日，广东网金控股有限公司向财险宁波分公司发出索赔通知书，财险宁波分公司于 2018 年 5 月 15 日支付 318200 元保险赔款至约定宁波银行账户中，广东网金控股有限公司向财险宁波分公司出具了《债权转让书》。次日，上述款项转入投资人严某等账户。财险宁波分公司代偿后，林某仅归还了 2.8 元。

【案件焦点】

1. 互联网助贷保险合同的有效性；2. 电子签约的效力认定规则。

【法院裁判要旨】

福建省厦门市思明区人民法院经审理认为：财险宁波分公司提供的借款协议、保险单虽然没有借款人和投资人签字，但提供了流程公证书等中立第三方证据证明借款及投保过程的真实性和合法性，结合银行支付证明等证据，足以形成完整的证据链。法院据此审核并认定了上述电子证据，确认财险宁波分公司与林某之间成立合法有效的保证保险合同关系。现因林某未依约偿还融资项目下的借款本金及利息，财险宁波分公司已经依约履行了理赔义务，保险事故已发生，则其依法有权就代偿本息向林某行使保险人代位求偿权。

福建省厦门市思明区人民法院依据《中华人民共和国保险法》第六十条、《最高人民法院关于适用〈中华人民共和国保险法〉若干问题的解释（四）》第八条、《中华人民共和国民事诉讼法》第一百四十四条之规定，判决如下：

林某应于本判决生效之日起十日内支付财险宁波分公司理赔款 318197.2 元及利息。

【法官后语】

本案是一起因保险公司为商业银行的互联网金融平台提供助贷保险而引发的保险人代位求偿权纠纷，属于银行、保险及网络金融企业跨界合作开展的新型金融产品，具有一定的典型性和前瞻性。

本案争议焦点主要是互联网助贷保险合同的有效性、电子签约的效力认定以及违约责任的确定和处置问题。

所谓助贷类保险产品，一般是指商业银行在信贷业务展业过程中，银行为了保障债权履行，规避坏账风险，而附加要求贷款人投保一份以银行为被保险人的贷款保证保险。保单（保险合同）一般约定，当担保人未能依约履行还款义务而造成被保险人损失时，保险公司负责承担还贷责任。这一业务属于银行、保险合作推出的金融产品，2018年以来在市场中大幅涌现，仅从中国裁判文书网公开的文书看，2019年上半年全国法院审理这类案件2448件，超过2018年全年数量。据金融监管部门内部数据，2019年国内保险业融资性保费收益已高达753亿元，存量责任保额逾1万亿元，风险集聚趋势明显。

保证保险合同的实质属于保证合同，保险公司销售保险产品的行为本质上属于贷款增信行为，通过保单为贷款人增加贷款信用。在法律关系上，保险公司充当的是保证人的角色，所承担的保险责任实质上是以保险形式体现的连带保证担保。在贷款人发生逾期时，商业银行依约有权向保险公司申请理赔。根据保险法第六十条的规定，因第三者对保险标的的损害而造成保险事故的，保险人自向被保险人赔偿保险金之日起，在赔偿金额范围内代位行使被保险人对第三者请求赔偿的权利。保险人行使代位求偿权，应以被保险人对第三者享有损害赔偿请求权为前提，这里的损害赔偿请求权既可因第三者对保险标的实施的侵权行为而产生，亦可基于第三者的违约行为等产生。助贷类保险中的保险人代位求偿权即因借款人逾期还款这一违约行为而产生。

本案的特殊之处在于，宁波银行与财险宁波分公司之间并非直接发生关系，广东网金控股股份有限公司与宁波银行达成协议，开发、运营、维护“宁波银行直销银行”APP，向社会提供点对点的P2P借贷投融资服务。投保人系P2P的借款人，被保险人为P2P的所有资金提供方，但特别约定全体被保险人无条件、不可撤销及变更地授权广东网金控股股份有限公司代为履行被保险人的相关权利义务。在发生保险事故时，保险公司将保险赔款支付至宁波银行的自建平台到期清算户，即视为保险公司已经向被保险人支付了保险赔款。这一约定系保险人、投保人和被保险人真实意思表示，且内容不违反法律规定，合法有效。

由于包括申请贷款、购买保险和贷款发放在内的相关业务均通过手机APP在线办理，属于无纸化金融业务，并不存在各方当事人共同签署的纸质合同，在被告经合法传唤无正当理由缺席庭审的情况下，电子签约的效力认定也是这类案件审查的重点。本案中，财险宁波分公司不仅提供了银行放款流水、转账凭证、索赔通知书、债权转让书等资金证据，还提供了业务办理流程公证书，证明信贷客户从下载 APP 开始直至实际获取贷款的整个业务流程，能够形成完整的证据链，共同证明原告诉求。当然，实践中不少平台和保险公司的证据准备并不规范。法院受理的永安财产保险公司的类似案件即因缺乏第三方业务流程证明，不足以证明相关业务实际发生而导致相关诉求被法院驳回。本案就互联网金融纠纷案件中电子证据固化、电子证据的认定规则问题所作的分析，对互联网金融审判实践具有借鉴意义。

编写人：福建省厦门市思明区人民法院　林鸿

57

试驾人员是否属于保险人行使代位求偿权的“第三人”

——天平公司诉姚某保险人代位求偿权案

【案件基本信息】

1. 裁判书字号

江苏省无锡市中级人民法院（2019）苏 02 民终 2269 号民事判决书

2. 案由：保险人代位求偿权纠纷

3. 当事人

原告（上诉人）：天平公司

被告（被上诉人）：姚某

【基本案情】

2017 年 7 月 23 日，姚某向银合公司出具《试乘试驾协议书》，承诺“若有造成对贵公司及他人的一切损失，概由本人承担”。后其试驾 × 号车，撞上道路中心隔离花坛，造成 × 号车损坏，银合公司评估 × 号车损失 609747 元，无锡市公安局交通警察支队锡山大队认定姚某负事故全部责任。×号车系银合公司所有，由天平公司承保了车损险（保险期间自2017年6月6日0时起至2018年6月5日24时止，责任限额63.6万元）。保险事故发生后，天平公司与银合公司签订《事故车辆（一次性）定损协议书》，约定银合公司自主维修，维修价款50万元由天平公司支付。后天平公司向银合公司支付了50万元；银合公司向天平公司开具了50万元维修费发票，并出具《赔款收据及权益转让书》“同意天平公司以天平公司或银合公司名义向责任方追偿或诉讼”。

【案件焦点】

姚某是否具备天平公司行使代位求偿权的“第三者”身份。

【法院裁判要旨】

江苏省无锡市锡山区人民法院经审理认为：因第三者对保险标的的损害而造成保险事故的，保险人自向被保险人赔偿保险金之日起，在赔偿金额范围内代位行使被保险人对第三者请求赔偿的权利。然而姚某是经银合公司允许试驾的合法驾驶人，不具备第三者身份，故天平公司不能向姚某追偿。并且，×号车损失系由银合公司评估，维修费发票系由银合公司出具，不能证明×号车损失就是50万元。

江苏省无锡市锡山区人民法院依照《中华人民共和国保险法》第六十三条、《中华人民共和国民事诉讼法》第六十四条第一款的规定，判决如下：

驳回天平公司的诉讼请求。

天平公司不服一审判决，提起上诉。江苏省无锡市中级人民法院经审理认为：在车损险法律关系中，天平公司是依据车损险合同约定，对被保险人银合公司及其允许的合法驾驶人姚某造成的保险事故中的保险车辆损失承担保险责任，姚某本身是天平公司承担保险责任的受益对象，自然隶属于被保险人的组成人员，适用《中华人民共和国保险法》第六十二条“除被保险人的家庭成员或者其组成人员故意造成本法第六十条第一款规定的保险事故外，保险人不得对被保险人的家庭成员或者其组成人员行使代位请求赔偿的权利”的规定，而排除在天平公司可以行使代位求偿权的“第三者”之外。故天平公司的上诉请求和理由依据不足，法院不予支持。

江苏省无锡市中级人民法院依照《中华人民共和国民事诉讼法》第一百七十条第一款第一项规定，判决如下：

驳回上诉，维持原判。

【法官后语】

试驾人员在试驾过程中发生交通事故并负事故全部责任，天平公司在赔偿车辆损失后能否向试驾人员行使代位求偿权，取决于试驾人员是否属于保险代位求偿权中的“第三人”。

保险人代位求偿权是指因第三人对保险标的的损害造成保险事故的，保险人向被保险人赔偿保险金后，依法定或约定在赔偿金额范围内取代被保险人地位，行使被保险人对第三人请求赔偿的权利。一般而言，保险人代位求偿权在行使上主要受到适用范围、追偿对象、时效等的限制。《中华人民共和国保险法》第六十条将代位求偿权限定在财产保险合同的范围内，未对人身保险合同赋予代位求偿权即体现了法律对代位求偿权适用范围的限制。同时该法第六十二条对代位求偿权的追偿对象进行了限制：除被保险人的家庭成员或者其组成人员故意造成财产保险事故外，保险人不得对上述人员行使代位求偿权。试驾人员是属于本条款规定的“被保险人的其他组成人员”从而阻却天平公司对其的代位求偿权，还是属于“一般侵权第三人”从而天平公司得向其行使代位求偿权呢？笔者认为，试驾人员应当构成“被保险人的组成人员”，理由如下：

1. 基于财产保险制度弥补损失的保障特性，对于被保险人的组成人员，应作广义解释，凡与被保险人共同享有保险利益之人均为被保险人的组成人员

关于被保险人的组成人员的范围，狭义理解限于被保险人的员工和雇员，广义解释为被保险人的利益或者受被保险人委托或者与被保险人有某种特殊法律关系而进行活动之人如被保险人的雇佣人员、合伙人、代理人等都是被保险人的组成人员。笔者认为，基于保险制度的保障特性，对于被保险人的组成人员，应作广义解释。法律之所以对天平公司的代位求偿权的适用对象进行限制，是因为保险人的代位权利基础是被保险人可以向第三人主张的赔偿请求权，如果保险事故是被保险人自己造成的，因为自己不能起诉自己赔偿，相应地保险人也就不能代位起诉被保险人。如果是被保险人的共同利益体成员引起的事故，保险人同样不能对其行使代位

求偿权，因为处于同一利益共同体，相当于由被保险人承担责任，被保险人因保险所获得的损失赔偿又因被保险人行使代位求偿权而丧失，这种“左手给付，右手索还”的行为使得被保险人实际上没有获得保险保障。基于上述考虑，保险法将代位求偿权的第三人限制为不能是被保险人自己或其利益共同体成员。因财产保险最终保障的是标的财产因保险事故所受之损失，故笔者认为，此处的利益共同体不应当拘泥于是否与被保险人存在外观的、直接的经济上的共同利益，而应当以发生事故时是否与被保险人共同享有保险利益确定。

2. 实践中，将被保险人允许的合法驾驶人的地位等同于被保险人是保险人应否承担保险责任时身份认定的惯例，但在代位求偿权纠纷中，“被保险人允许的合法驾驶人”不直接等同于被保险人

《机动车交通事故责任强制保险条例》第四十一条规定，被保险人是指投保人及其允许的合法驾驶人。而在商业第三者责任险条款中一般也规定了被保险人或其允许的合法驾驶人在使用被保险机动车过程中发生意外事故致使第三人遭受人身伤亡或财产损失的，由保险人按照保险合同的约定对超出交强险的部分承担责任。实践中将被保险人允许的合法驾驶人地位等同于被保险人，也是基于在驾驶机动车过程中，被保险人允许的合法驾驶人与被保险人对车辆享有同样的保险利益，在造成交通事故后应当与被保险人受到一样的保险保障。

尽管在交强险和商业三者险合同的履行过程中将被保险人允许的合法驾驶人的地位等同于被保险人已成惯例，但这是否意味着“被保险人允许的合法驾驶人”也能当然地成为代位求偿权中的“被保险人”呢？答案是否定的。本案审理过程中，天平公司曾以实践中有法院支持保险人向代驾人员行使代位求偿权为由主张试驾人员与代驾人员一样为代位求偿权的对象，笔者认为两者虽均为被保险人允许的合法驾驶人，但并不都属于被保险人的利益共同体，两者并不等同。前述保险代位求偿权是因第三人对保险标的的损害引起，法律并未明确此处的第三人损害为侵权损害还是合同违约造成的损害。代驾公司与被代驾人签订有偿代驾合同，代驾公司应当履行的主合同义务就是指派合法代驾人员将被代驾人准确、安全运送至被代驾人指定的目的地，该义务包含不得造成车辆损失，因代驾司机的过错导致被保险人车辆受损，构成违约，代驾公司应当向被保险人承担违约损失赔偿的责任。基于此被保险人对于代驾人员有损害赔偿请求权，保险人具

备行使代位求偿权的基础权利。代驾行为系有偿合同，代驾人员履行安全驾驶的义务，被代驾人履行支付代驾费的义务，代驾人员的驾驶行为系为实现自身盈利，非为实现被代驾人之利益而为，不具备车损险的保险利益，故不属于保险法第六十二条规定的不允许追偿的对象。但在试驾中，试驾人员系为了解车辆情况决定是否购买车辆而经过被保险人的允许驾驶被保险车辆，不存在为自身盈利的行为，与代驾相反，试驾人员的驾驶行为系为实现被保险人即车辆出卖方的利益而为，应当认定试驾人员在试驾过程中同被保险人具有相同的财产保险利益，属于保险法第六十二条规定的被保险人的“组成人员”，除非故意为之，否则天平公司不得向其行使代位求偿权。

因此，本案中经被保险人允许的合法试驾人在驾驶被保险车辆时本身是天平公司承担保险责任的受益对象，自然隶属于被保险人的组成人员，从而排除在天平公司可以行使代位求偿权的“第三者”之外。

编写人：江苏省无锡市锡山区人民法院　王亦华

58

租赁房屋发生火灾承租人并不必然承担赔偿责任

——财保某支公司诉奥特曼公司保险人代位求偿权案

【案件基本信息】

1. 裁判书字号

浙江省绍兴市中级人民法院（2019）浙06民终4011号民事判决书

2. 案由：保险人代位求偿权纠纷

3. 当事人

原告（上诉人）：财保某支公司

被告（被上诉人）：奥特曼公司

第三人：太子服饰公司

【基本案情】

太子服饰公司在财保某支公司处投保了财产综合险，保险标的为坐落于浙江省诸暨市×××的房屋建筑物，其中保单附页约定：固定资产按估价投保仅保房屋不含装修及附属设备。奥特曼公司自2014年起向太子服饰公司租用东侧二楼三楼及西侧一楼靠北四间，并签订租房协议，约定租赁期间生产和生活上的一切安全及消防安全由奥特曼公司自行负责，太子服饰公司不负任何责任。

2018年1月29日，涉案厂房发生重大火灾，火灾事故认定书认定，起火原因为电气故障引燃周边可燃物。财保某支公司与太子服饰公司协商一次性打包赔偿1899800元。财保某支公司理赔后，向奥特曼公司追偿未果，遂成讼。

【案件焦点】

承租房屋发生火灾，因租赁协议约定承租人的安全管理义务及承租人的占有使用，承租人是否需要承担赔偿责任。

【法院裁判要旨】

浙江省诸暨市人民法院经审理认为：根据民事诉讼法有关举证责任分配的规定，财保某支公司就其诉请应根据侵权责任有关法律规定，提供证据证明火灾事故发生的原因、性质以及损失程度，并举证证明事故原因与损失之间的因果关系，从而确定奥特曼公司因侵权行为所应承担的民事责任；若其认为因奥特曼公司的合同违约行为损害保险标的的，其同样应提供证据证明奥特曼公司因存在违约行为导致损失等事实。首先，诸暨市公安消防大队出具的火灾事故认定书明确火灾起因为电气故障，并未认定系奥特曼公司对租赁物使用、管理过程中存在不当或过错行为导致火灾的发生。结合勘验笔录等，火灾现场不存在奥特曼公司私接乱拉电线情况，即使火灾因电气线路故障引起，火灾事故认定书认定的起火点为由北向南第二排、由东向西第二根柱子北侧照明开关，而该照明开关电线位于房屋墙体内，由于房屋系第三人太子服饰公司所有，也不能就此推导出系奥特曼公司管理不善导致保险标的物的损失，并由此认定奥特曼公司对本次火灾的发生存在过错。其次，财保某支公司认为根据租房协议第6条“租赁期间生产和生活上的一切安全及消防安全由乙方自行负责，甲方不负任何责任”的约定，奥特曼公司应对火灾事故承担违约责任。但从条文内容看，该约定是基于奥特曼公司应做好防火工作，对因自身原因所引起的火灾等事故造成损失的，由奥特曼公司自行承担，并不能排除第三人过错责任。财保某支公司以该条约定将因消防产生的民事责任以租赁关系转移给奥特曼公司的抗辩意见，亦不予采纳。综上所述，财保某支公司现有证据不足以证明系奥特曼公司在管理、使用承租厂房及附属设施中存在侵权或违约行为导致火灾，应承担举证不能的后果。

浙江省诸暨市人民法院依照《中华人民共和国保险法》第六十条、《中华人民共和国民事诉讼法》第六十四条第一款、《最高人民法院关于适用〈中华人民共和国民事诉讼法〉的解释》第九十条的规定，作出如下判决：

驳回财保某支公司的诉讼请求。

财保某支公司不服一审判决，提起上诉。浙江省绍兴市中级人民法院经审理认为：首先，太子服饰公司与奥特曼公司在租赁合同中约定“租赁期间生产和生活上的一切安全及消防安全由乙方自行负责，甲方不负任何责任”，该约定不能概括性地理解为所有火灾事故损失均由奥特曼公司承担责任。鉴于奥特曼公司不是专业的安保公司，财保某支公司的理解主张将导致太子服饰公司与奥特曼公司之间的权利义务明显失衡，有违公序。因此，财保某支公司基于违约要求奥特曼公司承担火灾事故损失的主张不成立，不予支持。其次，财保某支公司能否基于侵权责任要求奥特曼公司承担火灾损失。财保某支公司列举了奥特曼公司的多处过错，分述如下：关于跳闸停电问题。根据消防大队所作笔录，奥特曼公司员工仅陈述其在使用压包机时存在断电现象，但财保某支公司未能举证证明断电现象与火灾事故发生存在因果关系，故奥特曼公司对断电现象的应对不能作为认定其对火灾发生存在过错的依据。关于拉设电线问题。消防大队认定的起火点系一楼照明开关，奥特曼公司拉设电线的位置在不同的楼层，财保某支公司未能举证证明拉设电线与火灾事故发生存在因果关系，故奥特曼公司拉设电线行为不能作为认定其对火灾发生存在过错的依据。关于奥特曼公司对开关起火是否有过错。根据太子服饰公司陈述，在奥特曼公司承租案涉厂房前曾有其他租户承租，该开关在奥特曼公司承租前已经安装的可能性较大，且财保某支公司也没有证据证明该开关系奥特曼公司自行安装，故财保某支公司的该项主张不能成立。关于消防设施保障及员工的施救问题。消防设施本身不影响火灾事故的发生，监控视频显示奥特曼公司的员工在火灾发生后不存在明显延缓施救的行为。因此，财保某支公司未能举证证明奥特曼公司对火灾事故的发生存在过错，其基于侵权要求奥特曼公司承担火灾损失责任的主张不成立，不予支持。综上，原审判决认定事实清楚，适用法律正确。

浙江省绍兴市中级人民法院依照《中华人民共和国民事诉讼法》第一百七十条第一款第一项之规定，作出如下判决：

驳回上诉，维持原判。

【法官后语】

1. 保险人代位求偿权的权利范围

《中华人民共和国保险法》第六十条第一款规定："因第三者对保险标的的损害而造成保险事故的，保险人自向被保险人赔偿保险金之日起，在赔偿金额范围内代位行使被保险人对第三者请求赔偿的权利。"可见，保险人代位求偿权是法律赋予保险人的一项法定权利，但对于该项权利的范围，法律没有作出规定。有观点认为，第三者对保险标的的损害专指第三者对保险标的以侵权方式造成的损害。笔者认为，该观点失之偏颇。如果第三者对保险标的的损害仅限于以侵权方式造成的损害，那么在保险人对非因第三者侵权行为造成保险标的的损害引发保险事故的情形予以赔偿的情形下，会产生因被保险人不向第三者主张赔偿而使第三者逃脱责任的法律后果。因此，笔者认为"第三者对保险标的的损害"，是指导致被保险人享有向第三者请求赔偿的法律事实，而该法律事实究竟是基于合同法律关系、侵权法律关系抑或其他法律关系，在所不论。本案中，太子服饰公司因奥特曼公司侵权、违约而对后者享有请求权，故财保某支公司可以从侵权、违约角度同时行使保险人代位求偿权；法院则应分别从侵权和违约责任两个方面，来分析奥特曼公司的行为是否构成对保险标的的损害。

2. 对承租人赔偿责任的认定

承租人对租赁房屋发生火灾事故所应承担的责任，应当根据具体事故事实、承租人的义务来具体确定。就本案而言，认定火灾发生的起因，是确定承租人奥特曼公司是否承担赔偿责任的前提条件。一方面，根据火灾事故认定书，本案中起火点为由北向南第二排、由东向西第二根柱子北侧照明开关，而该照明开关电线位于房屋墙体内，因财保某支公司无证据证明该照明开关系奥特曼公司安装，故无法认定因该着火点所引发的火灾系奥特曼公司不当使用或违规使用电器，未尽到承租人应尽的防火义务所致。财保某支公司以奥特曼公司侵权为由要求后者承担赔偿责任，理由不成立。另一方面，租赁协议虽约定承租人奥特曼公司具有安全管理义务，但财保某支公司仅以租赁房屋发生火灾之事实，而主张奥特曼公司存在疏于管理的违约行为，理由亦不能成立。

编写人：浙江省诸暨市人民法院　李晖

图书在版编目（CIP）数据

中国法院2021年度案例．保险纠纷／国家法官学院，最高人民法院司法案例研究院编．—北京：中国法制出版社，2021.4

ISBN 978-7-5216-1713-9

Ⅰ.①中… Ⅱ.①国…②最… Ⅲ.①保险-经济纠纷-案例-汇编-中国 Ⅳ.①D920.5

中国版本图书馆CIP数据核字（2021）第046592号

策划编辑：李小草（lixiaocao2008@sina.cn）
责任编辑：韩璐玮　赵律玮　　封面设计：温培英　李宁

中国法院2021年度案例．保险纠纷

ZHONGGUO FAYUAN 2021 NIANDU ANLI. BAOXIAN JIUFEN

编者/国家法官学院，最高人民法院司法案例研究院
经销/新华书店
印刷/三河市紫恒印装有限公司
开本/730毫米×1030毫米　16开　　印张/13.75　字数/184千
版次/2021年4月第1版　　2021年4月第1次印刷

中国法制出版社出版
书号ISBN 978-7-5216-1713-9　　定价：55.00元

北京西单横二条2号
邮政编码100031　　传真：010-66031119
网址：http：//www.zgfzs.com　　**编辑部电话：010-66071862**
市场营销部电话：010-66033393　　**邮购部电话：010-66033288**

（如有印装质量问题，请与本社印务部联系调换。电话：010-66032926）